भोजन, पोषण और स्वच्छता

भोजन, पोषण और स्वच्छता

संपादक

डॉ. पुनीत बिसारिया • डॉ. वीरेंद्र सिंह यादव
डॉ. यतेंद्र सिंह कुशवाहा

अस्वीकरण

इस पुस्तक में स्वास्थ्य, चिकित्सा, बीमारियों के लक्षण तथा उपचार आदि के संबंध में विवरण विश्व स्वास्थ्य संगठन एवं भारत सरकार के स्वास्थ्य और परिवार कल्याण मंत्रालय आदि की विश्वसनीय वेबसाइटों तथा अनेक संदर्भ ग्रंथों से एकत्र किए गए हैं। इनके लक्षण और उपचार आदि भिन्न-भिन्न हो सकते हैं। ये सभी जानकारियाँ प्रतीकात्मक हैं तथा अध्ययन मात्र के उद्देश्य से पुस्तक में सम्मिलित की गई हैं। अतः स्वास्थ्य और उपचार संबंधी आवश्यकता आने पर समुचित चिकित्सकीय परामर्श की सलाह दी जाती है।

प्रकाशक • **प्रभात प्रकाशन प्रा. लि.**
4/19 आसफ अली रोड,
नई दिल्ली-110002

छात्र संस्करण • प्रथम, 2022
छात्र संस्करण मूल्य • एक सौ पच्चीस रुपए
मुद्रक • आर-टेक ऑफसेट प्रिंटर्स, दिल्ली

BHOJAN, POSHAN AUR SWACHCHHATA
Ed. Dr. Puneet Bisaria • Dr. Virendra Singh Yadav
Dr. Yatendra Singh Kushwaha Student Edition ₹ 125.00
Published by Prabhat Prakashan Pvt. Ltd., 4/19 Asaf Ali Road, New Delhi-2
e-mail: prabhatbooks@gmail.com ISBN 978-93-5521-166-8

प्रस्तावना

34 वर्षों की सुदीर्घ प्रतीक्षा के पश्चात् भारत सरकार द्वारा 29 जुलाई, 2020 को राष्ट्रीय शिक्षा नीति-2020 को पारित करने के बाद से ही उत्तर प्रदेश सरकार प्रदेश में इस नीति को लागू करने की दिशा में सचेष्ट हो गई थी। प्रदेश सरकार ने उसी समय यह निर्णय लिया कि प्रदेश के समस्त विश्वविद्यालयों हेतु समस्त विषयों का एकीकृत पाठ्यक्रम होगा तथा राष्ट्रीय शिक्षा नीति-2020 के प्रावधानों के अनुसार चॉइस बेस्ड क्रेडिट सिस्टम (CBCS) के अनुसार सेमेस्टर आधारित एकीकृत पाठ्यक्रम तैयार किए जाएँगे। इसके अतिरिक्त प्रत्येक विद्यार्थी के कौशल विकास तथा विविध दैनंदिन आवश्यकताओं की अभिपूर्ति के लिए मुख्य विषयों के साथ छह सह-एकीकृत सह-पाठ्यक्रम की योजना को भी साकार किया गया। कोरोना संक्रमण की कठिन चुनौती के बीच प्रदेश सरकार ने सभी मुख्य विषयों के पाठ्यक्रम तथा सह-पाठ्यक्रम रिकॉर्ड समय में विशेषज्ञों से तैयार करवाकर सत्र 2021-22 से प्रदेश के समस्त राज्य विश्वविद्यालयों, निजी विश्वविद्यालयों, राजकीय एवं अनुदानित महाविद्यालयों तथा स्ववित्तपोषित महाविद्यालयों में अध्ययन करनेवाले विद्यार्थियों हेतु लागू करने का ऐतिहासिक निर्णय लिया। यह तय किया गया कि स्नातक कक्षाओं के प्रथम तीन सेमेस्टरों के सभी संकायों (B.A., B.Sc., B.Com., B.Sc. Ag., B.Tech. आदि) के विद्यार्थी अपने विषयों के साथ इन सभी छह सह-पाठ्यक्रमों में से प्रतिवर्ष एक पाठ्यक्रम का भी अध्ययन करेंगे।

प्रदेश में लागू की जानेवाली राष्ट्रीय शिक्षा नीति में यह प्रावधान किया गया है कि यदि किसी कारणवश कोई विद्यार्थी अपनी स्नातक उपाधि पूर्ण नहीं कर पाता और बीच में ही पढ़ाई छोड़ने को बाध्य होता है तो पूर्व की भाँति उसकी पढ़ाई अधूरी न रह जाए, बल्कि स्नातक का प्रथम वर्ष उत्तीर्ण कर लेने पर प्रमाण-पत्र,

द्वितीय वर्ष उत्तीर्ण करने पर डिप्लोमा, तीन वर्ष उत्तीर्ण करने पर स्नातक उपाधि या डिग्री तथा चार वर्ष उत्तीर्ण करने पर शोध सहित स्नातक उपाधि प्रदान की जाए और पाँचवें वर्ष में अध्ययन करनेवाले विद्यार्थी को परास्नातक की उपाधि दी जाए। इस दौरान विद्यार्थी किसी भी समय कोई भी विषय बदलकर ले सकता है तथा किसी भी समय संकाय को भी परिवर्तित कर सकता है, आवश्यकता पड़ने पर वह एक विश्वविद्यालय या महाविद्यालय से दूसरे विश्वविद्यालय या महाविद्यालय में जा सकता है। विषय चयन की इतनी लचीली सुविधा से विद्यार्थी कभी भी, किसी भी विषय अथवा संस्था का चयन कर सकता है।

इसी के अनुरूप प्रदेश के समस्त विश्वविद्यालयों एवं महाविद्यालयों हेतु छह एकीकृत सह-पाठ्यक्रम तैयार किए गए, जो सभी विश्वविद्यालयों एवं महाविद्यालयों के स्नातक के सभी संकायों के प्रथम तीन वर्ष के सेमेस्टरों में सत्र 2020-21 से पढ़ाए जाएँगे।

इन छह एकीकृत सह-पाठ्यक्रमों के नाम निम्नांकित हैं—

1. भोजन, पोषण और स्वच्छता
2. प्राथमिक चिकित्सा और स्वास्थ्य
3. मानव मूल्य और पर्यावरण अध्ययन
4. शारीरिक शिक्षा और योग
5. विश्लेषणात्मक क्षमता और डिजिटल जागरूकता
6. संचार कौशल और व्यक्तित्व विकास

उत्तर प्रदेश सरकार द्वारा स्वीकृत सभी छह सह-पाठ्यक्रमों की पुस्तकों को राष्ट्रीय शिक्षा नीति-2020 के प्रावधानों एवं उत्तर प्रदेश सरकार द्वारा निर्धारित सह-पाठ्यक्रमों की अंतर्वस्तु को अक्षरशः ध्यान में रखते हुए तैयार किया गया है। एकीकृत सह-पाठ्यक्रम की उपर्युक्त सभी पुस्तकों को तैयार करते समय शासन के निर्देशानुसार इन सभी पुस्तकों के 02-02 क्रेडिट के सभी महत्त्वपूर्ण उपविषयों की विस्तृत जानकारी इन पुस्तकों में दी गई है। प्रत्येक विश्वविद्यालय एवं महाविद्यालय में स्नातक के प्रत्येक सेमेस्टर में 30 व्याख्यानों द्वारा इनमें से एक सह-पाठ्यक्रम पढ़ाया जाएगा। सह-पाठ्यक्रम हेतु 2 क्रेडिट में 75 अंक लिखित परीक्षा हेतु तथा 25 अंक सत्रीय परीक्षा हेतु निर्धारित किए गए हैं। प्रत्येक विद्यार्थी को उत्तीर्ण होने के लिए लिखित परीक्षा में न्यूनतम 30 अंक तथा सत्रीय

परीक्षा में न्यूनतम 10 अंक प्राप्त करना आवश्यक होगा।

सह-पाठ्यक्रम की स्नातक प्रथम सेमेस्टर हेतु पाठ्य पुस्तक 'भोजन, पोषण और स्वच्छता' शीर्षक से प्रदेश के समस्त विश्वविद्यालयों एवं महाविद्यालयों के विद्यार्थियों हेतु प्रस्तुत की जा रही है, जिसकी चार इकाइयों क्रमशः 'भोजन और पोषण की अवधारणा', 'मैक्रो एवं माइक्रो पोषक तत्त्व', 'प्रथम 1000 दिन का पोषण' तथा 'सामुदायिक स्वास्थ्य की अवधारणा' के माध्यम से भोजन, पोषण और स्वच्छता की सभी बारीकियों से विद्यार्थियों को परिचित कराया जाएगा। सभी चार इकाइयों के कुल दो क्रेडिट होंगे और ये प्रश्न-पत्र बहुविकल्पीय या MCQ आधारित होंगे।

प्रथम इकाई 'भोजन और पोषण की अवधारणा' के अंतर्गत भोजन, पोषक तत्त्व, पोषण, स्वास्थ्य, संतुलित आहार, पोषण के प्रकार, भोजन की योजना, खाद्य समूह और भोजन के कार्य जैसे महत्त्वपूर्ण बिंदुओं को समझाने का प्रयास किया गया है।

द्वितीय इकाई के अंतर्गत मैक्रो और माइक्रो पोषक तत्त्व, अनुशंसित आहार मात्र, जैसे तथ्यों को विद्यार्थियों के लिए उद्घाटित करने का प्रयास हुआ है।

तृतीय इकाई 'प्रथम 1000 दिन का पोषण' के अंतर्गत पोषण की अवधारणा, आवश्यकता, शिशु के विकास को प्रभावित करनेवाले कारक, प्रसवपूर्व पोषण (0-280 दिन), अतिरिक्त पोषण की आवश्यकता, प्रसव के दौरान जोखिम के कारक, स्तनपान-दुग्धपान तथा पूरक और प्रारंभिक आहार जैसे पक्षों को विद्यार्थियों हेतु सरल, सुबोध भाषा में बताने का प्रयास किया गया है।

चतुर्थ इकाई 'सामुदायिक स्वास्थ्य की अवधारणा' के अंतर्गत सामुदायिक स्वास्थ्य, समाज में प्रचलित आम बीमारियों के कारण तथा इनकी रोकथाम हेतु पोषक तत्त्वों की आवश्यकता, पौष्टिक आहार में सुधार हेतु राष्ट्रीय तथा अंतरराष्ट्रीय कार्यक्रम और नीतियाँ एवं रोग प्रतिरोधक क्षमता में वृद्धि करनेवाला भोजन, जैसे आवश्यक अवयवों की चर्चा की गई है।

उपर्युक्त सभी चार इकाइयों के सभी बिंदुओं को इस पुस्तक में इतनी सरल, सहज, प्रवाहमय और बोधगम्य भाषा में समझाने का प्रयास किया गया है कि विद्यार्थी बड़ी ही आसानी से इन्हें समझ सकें और जीवन में इन्हें उतारने हेतु प्रेरित हो सकें। चूँकि सभी सह-पाठ्यक्रमों में केवल बहुविकल्पीय प्रश्न ही पूछे जाएँगे,

अतः इसे ध्यान में रखते हुए सभी इकाइयों के अंत में 50–50 बहुविकल्पीय प्रश्न दे दिए गए हैं। इन प्रश्नों से विद्यार्थी प्रश्नों की प्रकृति से अवगत हो सकेंगे तथा उन्हें अभ्यास करने हेतु पर्याप्त सामग्री प्राप्त हो सकेगी।

चूँकि सत्र 2021–22 से ही उत्तर प्रदेश सरकार के समस्त राज्य विश्वविद्यालयों, निजी विश्वविद्यालयों, राजकीय एवं अनुदानित महाविद्यालयों तथा स्ववित्तपोषित महाविद्यालयों में यह सह–पाठ्यक्रम लागू किया जाना है और 'भोजन, पोषण और स्वच्छता' विषय इसी सत्र से स्नातक के सभी संकायों के प्रथम सेमेस्टर के विद्यार्थियों को पढ़ाया जाना है, अतः इस हेतु आवश्यक पाठ्य पुस्तक भी समय से प्रदेश के सभी विद्यार्थियों तक पहुँचनी चाहिए। इसे दृष्टिगत रखते हुए 'भोजन, पोषण और स्वच्छता' शीर्षक से यह पाठ्य पुस्तक आप सबके समक्ष प्रस्तुत की जा रही है।

हमारे लिए यह हर्ष का विषय है कि देश के अग्रणी प्रकाशक प्रभात प्रकाशन, नई दिल्ली ने उत्तर प्रदेश सरकार द्वारा राष्ट्रीय शिक्षा नीति–2020 के अनुरूप प्रदेश के समस्त विश्वविद्यालयों एवं महाविद्यालयों हेतु पुनर्गठित एकीकृत सह–पाठ्यक्रम की समस्त पाठ्य पुस्तकों के प्रकाशन का महती दायित्व अपने सुदृढ़ कंधों पर लिया है। जैसा कि पूर्व में उल्लिखित किया जा चुका है, उत्तर प्रदेश में सह–पाठ्यक्रम के समस्त छह प्रश्न–पत्र छह सेमेस्टरों में सभी स्नातक विद्यार्थियों हेतु उत्तीर्ण करने अनिवार्य हैं और प्रदेश के प्रत्येक विश्वविद्यालय, महाविद्यालय, शिक्षक, विद्यार्थी एवं संस्था के पुस्तकालय में समय पर इनकी पाठ्य पुस्तकें पहुँचें, यह एक बड़ी चुनौती का कार्य है, जो प्रभात प्रकाशन जैसे बड़े और देश के सर्वप्रतिष्ठित प्रकाशन गृह के द्वारा संभव हो सकेगा, ऐसी आशा ही नहीं, वरन् हमें इसका पूर्ण विश्वास भी है। इस अवसर पर हम प्रभातजी के प्रति अपनी कृतज्ञता ज्ञापित करते हैं। आशा है, सह–पाठ्यक्रम के शिक्षकों एवं विद्यार्थियों के मध्य 'भोजन, पोषण और स्वच्छता' पुस्तक का स्वागत होगा। आप सभी के सुझावों का सर्वदा हृदय से स्वागत है।

विजयादशमी
आश्विन शुक्ल पक्ष, दशमी, विक्रम संवत् 2078
15.10.2021

—डॉ. पुनीत बिसारिया
—डॉ. वीरेंद्र सिंह यादव
—डॉ. यतेंद्र सिंह कुशवाहा

अनुक्रम

इकाई–1

भोजन और पोषण की अवधारणा

भोजन और पोषण मानव जीवन का महत्त्वपूर्ण हिस्सा होते हैं। मानव के शारीरिक विकास एवं वृद्धि के लिए और उनकी क्रियाशीलता की निरंतरता बनाए रखने के लिए एक अच्छे पोषण का शरीर के अंदर होना अति आवश्यक है।

(क) भोजन

भोजन मनुष्य की सर्वाधिक महत्त्वपूर्ण आवश्यकता है। इसके बिना जीवन की कल्पना व्यर्थ है। भोजन मानव जीवन के लिए भूख मिटाने एवं स्वाद के लिए ही नहीं होता, बल्कि वह मानव शरीर के लिए पोषण हेतु बहुत जरूरी है। मानव शरीर स्वस्थ, बलवान और क्रियाशील रहे, इसके लिए जरूरी है कि समय से उसे भोजन मिलता रहे। भोजन में कई प्रकार के तत्त्वों का मिश्रण पाया जाता है, जो मानव शरीर के पोषण हेतु अति आवश्यक है। मानव शरीर में वृद्धि, विकास और सुरक्षा तथा उत्तम स्वास्थ्य के लिए भोजन बहुत जरूरी होता है। डॉ. रंधावा के अनुसार—भोजन की आदत तथा पर्यावरण, जिसमें मनुष्य जीवनयापन करता है, का आपस में घनिष्ठ संबंध होता है, जिसके लिए मनुष्य सर्वप्रथम स्वच्छ पर्यावरण से संबंध स्थापित करता है। तत्पश्चात् उस पर्यावरण के अनुसार वह अपनी आदतों तथा स्वभाव को समायोजित करता है। इन आदतों में मनुष्य सर्वप्रथम भोजन की आदतों का समायोजन तथा बाद में अन्य आवश्यकताओं से संतुलन स्थापित करता है।

मानव शरीर एक ऐसा अनुपम यंत्र है, जो भोजन ग्रहण करने के पश्चात्

शरीर में ऊर्जा एवं शक्ति का संचार करता है। यह शरीर में होनेवाली कोशिकाओं की रुग्णता की मरम्मत भी करता है और उत्तरोत्तर विकास व वजन भी बढ़ाता है। शारीरिक रूप से यह प्रक्रिया मानव के अंदर संपूर्ण जीवन तक चलती रहती है। भोजन ग्रहण करने के पश्चात् शरीर के अंदर अनेक ऐसी विभिन्न प्रकार की गुप्त क्रियाएँ चलती रहती हैं, जिन्हें मानव देख और समझ नहीं पाता है, परंतु कुछ क्रियाएँ ऐसी हैं, जो अप्रत्यक्ष रूप से दिखती रहती हैं, जैसे—हृदय का धड़कना, श्वास का तेजी से चलना इत्यादि। कुछ ऐसी ऐच्छिक क्रियाएँ होती हैं, जो मानव को अपनी इच्छा के अनुसार करनी पड़ती हैं, चलना, खड़ा होना, बैठना आदि। इन सब क्रियाओं को संपन्न कराने के लिए शरीर को भोजनरूपी अन्न की जरूरत होती है।

भोजन का अर्थ उन खाने-पीनेवाले पदार्थों से है, जिन्हें मानव भूख की संतुष्टि, स्वाद की तृप्ति, शरीर के पोषण तथा उसे स्वस्थ बनाए रखने के उपयोग में लाता है। विभिन्न तरह के खाद्य पदार्थों का सेवन भोजन की श्रेणी में आता है। ये विभिन्न तरीके के खाद्य पदार्थ शरीर में अनेक तरह के तत्त्वों को पोषण हेतु उपलब्ध कराते हैं। भोजन शाकाहारी और मांसाहारी दोनों तरह का होता है, लेकिन इसमें वे सभी आवश्यक पोषक तत्त्व अलग-अलग मात्राओं में पाए जाते हैं।

भोजन के जो कार्य होते हैं, उनमें यह शरीर को ऊर्जा व ताकत प्रदान करता है, जब भोजन शरीर में पचता है तो वह तंतुओं के माध्यम से शरीर में प्रवेश करता है। इसके साथ ही वह शरीर में टूटी-फूटी कोशिकाओं को स्वस्थ करने में मदद करता है और शरीर के विकास और वृद्धि में सहायक होता है। इस हेतु भोजन शरीर को अनेक पोषक तत्त्व प्रदान करता है। भोजन के पौष्टिक तत्त्व मुख्य रूप से छह प्रकार से निर्मित होते हैं, जो इस प्रकार हैं—

1. **प्रोटीन :** ये शरीर के निर्माण, अर्थात् विकास एवं वृद्धि में सहायक होते हैं।

2. **कार्बोहाइड्रेट :** ये शरीर को क्रियाशील, स्वस्थ व ताकतवर बनाए रखने के लिए ऊर्जा प्रदान करते हैं।

3. **वसा :** यह शरीर के लिए ईंधन का कार्य करती है।

4. **विटामिन :** ये शरीर को सुरक्षा प्रदान करते हैं, अर्थात् विभिन्न बीमारियों से हमें बचाने में सहायक होते हैं तथा शरीर को संयमित करते हैं।

5. खनिज-लवण : ये शरीर में अम्ल-क्षार के संतुलन को स्थापित करते हैं।

6. पानी : यह शरीर के तापमान को संतुलित करता है तथा ऑक्सीजन एवं पोषक तत्त्वों को कोशिकाओं तक पहुँचाता है।

मानव शरीर में इन प्रमुख छह तत्त्वों का सम्मिश्रण पाया जाता है। इन छह तत्त्वों की प्रतिशत मात्रा इस प्रकार रहती है—

1. पानी 63 प्रतिशत
2. प्रोटीन 17 प्रतिशत
3. वसा 12 प्रतिशत
4. खनिज लवण 7 प्रतिशत
5. कार्बोहाइड्रेट 1 प्रतिशत

ये सभी पौष्टिक तत्त्व विभिन्न तरह के खाद्य पदार्थों के मिश्रण से बनते हैं और सभी खाद्य पदार्थ शाकाहारी एवं मांसाहारी दोनों प्रकार के हो सकते हैं। उदाहरण के लिए दाल, अनाज, मूँगफली, हरी सब्जी, फल, अन्न, मांस, मछली, दूध, अंडे इत्यादि। सबसे महत्त्वपूर्ण बात यह है कि भोजन के रूप को ग्रहण करनेवाले इन खाद्य पदार्थों के पौष्टिक गुण अलग-अलग तरह के होते हैं। अनेक खाद्य पदार्थ ऐसे होते हैं, जिनमें बहुत अधिक पौष्टिक तत्त्व पाए जाते हैं तथा पाए जानेवाले इन तत्त्वों का कार्य भी भिन्न होता है। स्पष्ट है कि भोजन में वे सभी तत्त्व होने चाहिए, जिन्हें खाने से शरीर को नियमित रूप से पौष्टिक तत्त्व प्राप्त होते रहें।

मानव शरीर को संक्रमण से बचाने के लिए, शरीर को संयमित रखने के लिए, पोषक पदार्थों के वृद्धि के लिए तथा शारीरिक क्रियाओं को बल या ताकत प्रदान करने के लिए भोजन की जरूरत होती है। इन सभी प्रकार की क्रियाओं का संपादन करने के लिए व्यक्ति को बचपन से ही अच्छे भोजन को ग्रहण करने की आदत डालनी चाहिए। इसके साथ ही हर व्यक्ति को इतना ज्ञान अवश्य होना चाहिए कि वह अपनी जरूरत के अनुसार अच्छे से अच्छा भोजन ग्रहण कर सके।

पोषक तत्त्व

पोषक तत्त्व वे रसायन होते हैं, जिनकी वृद्धि से शरीर समृद्ध होता है। ये शरीर में मौजूद ऊतकों का निर्माण और उनकी मरम्मत ऊष्मा और ऊर्जा देकर करते हैं। ये सभी तत्त्व शरीर को क्रियाशील बनाकर उसे समृद्ध करते हैं।

जिस भोजन का मानव सेवन करता है, उसमें अनेक रासायनिक तत्त्व पाए जाते हैं। इन्हीं रासायनिक तत्त्वों को 'पोषक तत्त्व' कहा जाता है, अर्थात् यह कहा जा सकता है कि 'पोषक तत्त्व भोजन में उपस्थित वे अदृश्य घटक हैं, जिनकी आवश्यकता हमें शरीर को स्वस्थ बनाए रखने के लिए होती है।' पोषक तत्त्वों के सेवन के विविध प्रकार होते हैं। जहाँ पादप इसे अपनी जड़ों के माध्यम से सीधे मिट्टी अथवा खाद या अपने निकटवर्ती वातावरण से ग्रहण करते हैं तो वहीं मनुष्य इसे भोजन के माध्यम से ग्रहण करता है।

जैविक पोषक तत्त्वों की श्रेणी में कार्बोहाइड्रेट, वसा, प्रोटीन (अमीनो अम्ल) और विटामिन आते हैं। खनिज लवण, पानी और ऑक्सीजन, अकार्बनिक रासायनिक यौगिक तत्त्व भी पोषक तत्त्व की श्रेणी में आते हैं।

प्रमुख पोषक तत्त्वों को उनके कार्यों के अनुसार तीन श्रेणियों में विभाजित किया जा सकता है—

1. सुरक्षात्मक कार्य करनेवाले पोषक तत्त्व
2. ऊर्जा उत्पन्न करनेवाले पोषक तत्त्व
3. आंतरिक निर्माण कार्य करनेवाले पोषक तत्त्व

1. सुरक्षात्मक कार्य करनेवाले पोषक तत्त्व : ये पोषक तत्त्व शरीर की सुरक्षा कर उसे मजबूती प्रदान करते हैं। इनमें प्रोटीन, विटामिन तथा खनिज लवण की मात्रा अधिक होती है। दूध, अंडे, हरी पत्तेदार सब्जियाँ, फल आदि पोषक तत्त्व इस श्रेणी में आते हैं।

2. ऊर्जा उत्पन्न करनेवाले पोषक तत्त्व : ये शरीर को स्फूर्ति प्रदान कर उसे गतिशील बनाते हैं, इनमें वसा एवं कार्बोडाइड्रेट की मात्रा अधिक होती है—अनाज, चीनी, कंद मूल, घी, मक्खन, खाद्य तेल आदि पोषक तत्त्व इसमें आते हैं।

3. शारीरिक निर्माण करनेवाले पोषक तत्त्व : ये पोषक तत्त्व शरीर का निर्माण कर उसका विकास करते हैं। इन पोषक तत्त्वों में प्रोटीन की पर्याप्त मात्रा होती है। दूध, सभी प्रकार की दालें, यकृत, मछली, मांस आदि इस श्रेणी में आते हैं। उपरोक्त सभी पोषक तत्त्वों का संक्षिप्त परिचय इस प्रकार है—

(क) प्रोटीन

मानव शरीर के विकास और वृद्धि में प्रोटीन की सर्वाधिक आवश्यकता होती है। इसके अतिरिक्त कुछ ऐसे खनिज, जैसे—लोहा, कैल्सियम भी इसमें सहायक होते हैं। प्रोटीन मानव शरीर की प्रत्येक कोशिका (Cell) में प्रोटोप्लाज्म के रूप में उपस्थित रहता है, ये शरीर के तंतुओं के विकास एवं वृद्धि, उनके पुनर्निर्माण (रिपेयर) एवं मेटाबोलिज्म के लिए आवश्यक होते हैं। प्रोटीन की जरूरत शिशु, बाल्य एवं किशोरावस्था में शरीर के विकास एवं वृद्धि के लिए विशेष रूप से महसूस होती है। सभी तरह के प्रोटीन में एक ही प्रकार के पौष्टिक गुण समान मात्रा में नहीं पाए जाते हैं। प्रोटीन की मात्रा और प्रोटीन की पौष्टिकता उसमें निहित अमीनो एसिड की मात्रा पर निर्भर करती है। दूध व मांस में सभी प्रकार के आवश्यक अमीनो एसिड पर्याप्त मात्रा में उपलब्ध होते हैं। प्रोटीनयुक्त प्रमुख पदार्थ इस प्रकार हैं—चना, मूँगफली, हरी सब्जी, दूध, मांस इत्यादि।

(ख) खनिज लवण

मानव शरीर में खनिज लवण हर तंतु में मौजूद रहते हैं। विशेषकर आमाशय से निकलनेवाले पाचक रस के बनने में इन लवणों की जरूरत पड़ती है। दाँत, हड्डियों एवं मांसपेशियों के विकास, वृद्धि एवं निर्माण में इन खनिज लवणों की आवश्यकता रहती है। मानव शरीर में कैल्सियम, लोहा, मैग्नीशियम, सल्फर, पोटैशियम, सोडियम एवं आयोडीन जैसे पोषक तत्त्व सबसे अधिक उपयोगी एवं आवश्यक होते हैं।

मानव शरीर में होनेवाली अनेक तरीके की नियमित एवं संयमित क्रियाओं में इनकी आवश्यकता पड़ती है। इन पोषक तत्त्वों की कमी से दाँतों की चमक कम हो जाने के साथ ही हड्डियाँ कमजोर हो जाती हैं और शरीर को अनेक तरह

की बीमारियाँ घेर लेती हैं। दूध में कैल्सियम प्रचुर मात्रा में मिलता है। हरी पत्तेदार सब्जियाँ, दाल, अंडे, केला, यकृत शरीर में लोहे एवं कैल्सियम की माँग को पूरा करते हैं। शरीर को पानी के द्वारा आयोडीन पर्याप्त मात्रा में प्राप्त होता रहता है। पानी शरीर के लिए बहुत ही आवश्यक होता है। शरीर के प्रत्येक तंतुकोश में रक्त, लिंफ व पानी पर्याप्त मात्रा में उपलब्ध रहता है। मेटाबोलिज्म में बढ़ोतरी के लिए पानी की बहुत जरूरत होती है।

(ग) कार्बोहाइड्रेट एवं वसा

मानव शरीर में कार्बोहाइड्रेट एवं वसा शरीर को गरमी प्रदान कर एक विशेष तरह की स्फूर्ति पैदा करते हैं। कार्बोहाइड्रेट कार्बन, हाइड्रोजन तथा ऑक्सीजन के योग से निर्मित होते हैं। भोजन में ये पोषक तत्त्व के रूप में विभिन्न रूपों में मौजूद रहते हैं। आलू, केला, दूध, चीनी, सेल्युलोज, गुड़, चुकंदर, सब्जी, शहद, चावल, गेहूँ, मक्का आदि के माध्यम से ये मानव शरीर में पर्याप्त मात्रा में उपलब्ध रहते हैं।

मानव शरीर में वसा कार्बन, हाइड्रोजन तथा ऑक्सीजन के मिश्रण से बनता है। प्रत्येक प्रकार की वसा में अम्ल तथा ग्लिसरीन होता है। वसा शरीर को स्वस्थ व ताकतवर बनाने की शक्ति रखता है।

मानव शरीर को ऊर्जा प्रदान करनेवाले प्रमुख पोषक तत्त्व इस प्रकार हैं—

खाने में कार्बोहाइड्रेट विभिन्न रूप में मिलता है, जैसे—स्टार्च, चीनी, सेल्युलोज। जब कार्बोहाइड्रेट अधिक मात्रा में हो जाता है तो वह वसा के रूप में शरीर के विभिन्न भागों में एकत्र होने लगता है। यह जिगर एवं मांसपेशियों में भी ग्लाइकोजन के रूप में एकत्र हो जाता है। फल, सब्जी, चावल, आलू, केला, चीनी, शहद, गुड़ आदि इसके प्रमुख स्रोत हैं। सबसे अधिक वसा मूँगफली के तेल एवं मक्खन से प्राप्त होता है, वसा में घुलनशील विटामिन इन पदार्थों से मिलते हैं।

(घ) विटामिन

विटामिन मानव शरीर को स्वस्थ और सक्रिय तथा विभिन्न बीमारियों से

बचाने में सहायक होते हैं। ये शरीर के विकास एवं वृद्धि में अपना योगदान देते हैं, हालाँकि मानव के शरीर में इनकी बहुत कम मात्रा रहती है। विटामिन को जीवनदाता की संज्ञा दी जाती है, इसलिए इनका भोजन में रहना अति आवश्यक होता है।

मानव शरीर में विटामिन की आवश्यकता समय-समय पर पड़ती रहती है। विभिन्न खाद्य पदार्थों में विटामिन की मात्रा अलग-अलग मात्रा में पाई जाती है। विटामिन मुख्य रूप से दो तरह के होते हैं—

1. वसा में घुलनशील विटामिन
2. जल में घुलनशील विटामिन

1. वसा में घुलनशील विटामिन : इस तरह की श्रेणी में तीन तरह के विटामिन पाए जाते हैं। विटामिन 'ए', 'डी' और 'ई'।

विटामिन 'ए' आँखों और त्वचा की बीमारियों से रक्षा करता है। विटामिन 'बी' की कमी से मुँह में छाले, त्वचा की बीमारी, भूख का न लगना और लगातार शरीर में कमजोरी जैसे लक्षण उत्पन्न हो जाते हैं। विटामिन 'सी' की कमी से 'स्कर्वी' नामक रोग हो जाने के साथ ही व्यक्ति के मसूड़े फूल जाते हैं, जिससे मुँह में खून आने लगता है। विटामिन 'सी' की कमी से हड्डियों में दर्द की समस्या भी देखने को मिलती है। विटामिन 'डी' की कमी से शरीर में 'रिकेट्स' (सूखा रोग) व 'ओस्टियो मलेशिया' नाम की बीमारी हो जाती है। इससे बच्चों में हाथ एवं पैरों की हड्डियाँ टेढ़ी हो जाने के साथ ही मांसपेशियाँ भी कमजोर हो जाती हैं। यदि भोजन में विटामिनयुक्त पोषक तत्त्वों का सेवन किया जाए तो गंभीर बीमारियों से शरीर की सुरक्षा की जा सकती है।

2. जल में घुलनशील विटामिन : इस तरह के विटामिनों को हरी पत्तेदार सब्जियों, खट्टे फल व सब्जी, दूध, अनाज, अंडे, मांस, मछली आदि से प्राप्त किया जा सकता है।

शरीर को स्वस्थ रखने तथा विभिन्न बीमारियों से बचाने के लिए ये विटामिन पर्याप्त मात्रा में सक्षम होते हैं। अनेक प्रकार के खाद्य पदार्थों में विभिन्न प्रकार के विटामिन उपलब्ध रहते हैं।

पोषण

मानव को जीवित रहने के लिए उत्तम पोषण की जरूरत महसूस होती है। जीवन में सफलता अर्जित करने के लिए मानव को शारीरिक एवं मानसिक तौर पर स्वस्थ होना आवश्यक होता है। स्वस्थ तथा ताकतवर शरीर के लिए अच्छे पोषण की आवश्यकता होती है। स्वस्थ जीवनयापन के लिए हर व्यक्ति को उचित पोषण की जानकारी होना अति आवश्यक है। पोषण की अधिकता या कमी शरीर की आकृति को प्रभावित करती है।

शरीर में भोजन के विभिन्न कार्यों को करने की मिश्रित एवं सामूहिक प्रक्रिया को ही 'पोषण' कहते हैं। स्पष्ट है कि व्यक्ति का शरीर विभिन्न पोषक तत्त्वों के सम्मिश्रण से निर्मित होता है, जो भोजन में विद्यमान होते हैं। शरीर में चलनेवाली पोषण की निम्नलिखित प्रक्रियाएँ होती हैं—भोजन करने की क्रिया, पाचन-क्रिया, भोजन में से पौष्टिक तत्त्वों को सोखकर शरीर के विभिन्न भागों में विभक्त करना, पोषक तत्त्वों का परिपरक (एसीमिलेशन) करना एवं उनका उपयोग शरीर की जीविका के लिए करना। शरीर के विभिन्न अंगों में पोषक पदार्थों के परिवर्धन की क्रिया पौष्टिक तत्त्व ही करते हैं।

मानव शरीर सही तरह से काम करे, इसके लिए भोजन की आवश्यकता होती है। लगातार कार्य करते रहने से जब मनुष्य की शक्ति और ऊर्जा का ह्रास होता है और गंभीर बीमारी और शारीरिक क्षति में ऊतक नष्ट होने लगते हैं तब शरीर में वृद्धि एवं विकास हेतु उत्तम पोषण की महती आवश्यकता होती है। डॉ. वाई.एस. भार्गव एवं श्रीमती सुषमा का मानना है कि मानव शरीर के अनेक बिंदुओं को पोषण प्रभावित करता है—वंशानुक्रम, वातावरण एवं परिस्थिति, परिवार का आकार, सामाजिक एवं धार्मिक रीति-रिवाज, संस्कृति, आर्थिक स्तर, भोजन के विषय में अनभिज्ञता, खाना पकाने के तरीके, खान-पान की आदत, ये ऐसे प्रमुख बिंदु हैं, जो पोषण को सदैव प्रभावित करते हैं।

संतुलित मात्रा में पोषण का सेवन करने से व्यक्ति अधिक कार्य करता है। वहीं दूसरी ओर खराब पोषण, मानव शरीर में प्रतिरक्षा की कमी, अनेक बीमारियों को बढ़ाने का कार्य तो करता है, इसके साथ ही शारीरिक और मानसिक विकास

को क्षीण करने तथा कार्य क्षमता में कमी पैदा करने का काम भी करता है। इसमें कोई दो राय नहीं कि अच्छा पोषण व्यक्ति को स्वस्थ बनाने के साथ ही राष्ट्र-निर्माण में महत्त्वपूर्ण भूमिका का निर्वहन भी करता है।

पोषण को मुख्य रूप से दो प्रकार से परिभाषित किया जा सकता है—प्रथम, स्वपोषी पोषण तथा द्वितीय, विषमपोषी पोषण (Autotrophic nutrition and Heterotrophic nutrition)। ये दोनों खाद्य श्रृंखला के उत्पादक होते हैं। खाद्य श्रृंखला के सभी जीव भोजन के लिए इन पर निर्भर करते हैं। व्यक्ति के नियमित आहार में कुछ ऐसे तत्त्व भी होते हैं, जो पोषक तत्त्व की श्रेणी में नहीं आते हैं, जैसे—रंग एवं खुशबू देनेवाले रासायनिक पदार्थ। ये ही आवश्यक तथा जब (उचित अनुपात में) मानव शरीर में आवश्यकता के अनुरूप उपस्थित होते हैं, तब उस अवस्था को समुचित पोषण या सर्वोत्तम पोषण का नाम दिया जाता है। सर्वोत्तम पोषण स्वस्थ शरीर के लिए नितांत आवश्यक होता है।

स्वास्थ्य

संस्कृत में स्वास्थ्य का अर्थ है—'स्वस्थः', जिसका अर्थ है—स्वयं में स्थापित। स्वास्थ्य एक व्यापक अवधारणा है, जो भोजन, मानसिक स्थिति और पर्यावरण जैसे विभिन्न अवयवों पर आधारित है (दलाल-2006)। मनुष्य के संपूर्ण शारीरिक, मानसिक तथा सामाजिक सामंजस्य की अवस्था, जिसमें उसे रोग या अपंगता का अभाव हो, उसे स्वास्थ्य की संज्ञा दी जाती है, लेकिन कुछ समयांतराल के बाद इसमें कुछ संशोधन करते हुए यह जोड़ा गया है कि शारीरिक, मानसिक और सामाजिक संतुलन के साथ आर्थिक एवं सामाजिक रूप से उपयोगी जीवन को 'स्वास्थ्य' कहा गया है। विश्व स्वास्थ्य संगठन ने सन् 1948 ईस्वी में स्वास्थ्य की निम्नलिखित परिभाषा दी है—"दैहिक, मानसिक और सामाजिक रूप से पूर्णतः स्वस्थ होना ही स्वास्थ्य है। किसी व्यक्ति की मानसिक, शारीरिक और सामाजिक रूप से अच्छे होने की स्थिति को 'स्वास्थ्य' कहते हैं। स्वास्थ्य सिर्फ बीमारियों की अनुपस्थिति का नाम नहीं है।"

स्वास्थ्य उन अनेक कठिन पारिभाषिक शब्दों में से एक है, जिसका अर्थ ज्ञात होने के बावजूद कोई भी परिभाषा इसे संतुष्ट नहीं कर पाती है। विभिन्न डॉक्टरों ने समय-समय पर स्वास्थ्य संबंधी अनेक परिभाषाएँ दी हैं, जो इस प्रकार हैं—

1. शरीर या मस्तिष्क का स्वस्थ होना उस व्यवस्था का नाम है, जिसमें इनके कार्य पूर्णतया एवं कुशलतापूर्वक हो रहे हों।
2. मानव शरीर तंत्र की वह स्थिति अथवा गुण, जो वंशगत और परिवेशगत परिस्थितियों में शरीर तंत्र की उचित कार्यप्रणाली को अभिव्यक्त करता है।
3. निरोगी अथवा दर्दरहित, मस्तिष्क और आत्मा की उचित अवस्था ही स्वास्थ्य है।

इन सब परिभाषाओं के अलावा विश्व स्वास्थ्य संगठन (WHO) द्वारा दी गई परिभाषा स्वास्थ्य को समझने में सहायक है—"स्वास्थ्य रोग का न होना या अशक्तता न होना मात्र नहीं, बल्कि पूर्ण शारीरिक, मानसिक और सामाजिक तंदुरुस्ती की स्थिति है।" विगत कई वर्षों से विश्व स्वास्थ्य संगठन द्वारा दी गई इस परिभाषा पर पर्याप्त मंथन चलता रहा है, जिसमें विस्तार के तौर पर सामाजिक एवं आर्थिक रूप में गुणकारी जीवन व्यतीत करने की क्षमता को सम्मिलित किया गया है। वैसे विश्व स्वास्थ्य संगठन ने तीन प्रमुख मापदंडों (शारीरिक मापदंड, मानसिक मापदंड, सामाजिक मापदंड) के अलावा भी आध्यात्मिक, भावात्मक, राजनीतिक तथा व्यावसायिक मापदंडों को भी महत्त्व दिया है।

शारीरिक मापदंड

विश्व स्वास्थ्य संगठन (WHO) ने शारीरिक मापदंड को अति महत्त्वपूर्ण माना है। WHO का मानना है कि एक अच्छे एवं स्वस्थ व्यक्ति में ये शारीरिक संकेत होते हैं—तंदुरुस्त शरीर, अच्छा रंग, अच्छे बाल, अच्छी भूख के साथ अच्छी पाचन शक्ति, उत्तम शारीरिक गतिविधियाँ, शरीर के सभी अवयव, जो कि सामान्य आकारवाले होते हैं, संपूर्ण चेतना, नाड़ी की गति, रक्तचाप व

सहनशीलता, ये सभी व्यक्ति की आयु व लिंग के अनुसार समानांतर की स्थिति में आते हैं। यह सामान्यत: की स्थिति एक विस्तृत सीमा लिये हुए है। यह सामान्य स्थिति स्वस्थ लोगों के निरीक्षण से की गई है।

मानसिक मापदंड : मानसिक एवं शारीरिक स्वास्थ्य एक-दूसरे के पूरक माने जाते हैं। अच्छा मानसिक स्वास्थ्य जीवन के बहुत से अनुभवों को अभिव्यक्त करने की क्षमता रखता है। निम्न मानसिक स्वास्थ्यवाला व्यक्ति स्वयं के अच्छे-खासे स्वस्थ शरीर को प्रभावित करता है।

सामाजिक मापदंड : विश्व स्वास्थ्य संगठन ने सामाजिक स्वास्थ्य संबंधी मापदंड को किसी भी राष्ट्र के लिए अति उपयोगी माना है। किसी भी समाज का सामाजिक स्वास्थ्य एक उन्नतिपरक दृष्टिकोण, स्वस्थ चिंतन और दूसरों के प्रति सहानुभूति जैसे कारकों पर निर्भर करता है। इसके साथ ही वह शिक्षा, उत्पादन, स्वास्थ्य व व्यक्ति की सामाजिक सुरक्षा पर भी निर्भर करता है।

आध्यात्मिक मापदंड एवं व्यावसायिक मापदंड भी किसी भी राष्ट्र के स्वास्थ्य में महत्त्वपूर्ण भूमिका का निर्माण करते हैं। विश्व के साथ शांति एवं व्यावसायिक संबंध बनाने के लिए यह आवश्यक है कि वह स्वयं शांति और नैतिक मूल्यों, संहिताओं का अभ्यासी हो। यह सब लगातार उत्तम सोच और सार्थक मूल्यों के आधार पर अर्जित किया जा सकता है। स्पष्ट है कि एक अच्छा स्वास्थ्य मात्र व्यक्ति की व्यक्तिगत जवाबदेही नहीं है, बल्कि पूरे समाज एवं राष्ट्र की बराबर जिम्मेदारी का पूरक भी है।

संतुलित आहार की परिभाषा

व्यक्ति आहार का उपयोग अपनी भूख की पूर्ति हेतु ही नहीं करता है, बल्कि उसके प्रयोग से वह अपने शरीर को ताकतवर, रोगमुक्त एवं स्वस्थ बनाए रखना चाहता है। व्यक्ति प्रतिदिन जिस आहार का सेवन करता है, वह जरूरत के अनुसार संतुलित होना चाहिए, उसकी अधिकता, कमी शरीर को अस्वस्थ बनाती है। शरीर की आवश्यकता के अनुसार पोषक तत्त्वों से युक्त भोजन/आहार को संतुलित भोजन की संज्ञा दी जाती है। पर्याप्त एवं संतुलित भोजन वे होते हैं, जिनसे भूख की पर्याप्त संतुष्टि हो, व्यक्ति के शरीर को पर्याप्त मात्रा में ऊर्जा मिले,

इसके साथ ही वह थकान का अनुभव भी न कर सके, वह शरीर के विकास एवं वृद्धि में सहायक होने के साथ ही वजन पर नियंत्रण भी कायम रखे, लेकिन कई बार कोई भोजन शरीर को निरोग, स्वस्थ एवं क्रियाशील बनाए रखने के कार्य में असमर्थ एवं अपर्याप्त हो सकता है।

संतुलित भोजन : मानव को शारीरिक रूप से स्वस्थ रहने एवं दैनिक जीवन में अपने कार्यों को नियमित रूप से संचालित करने के लिए कार्य क्षमता के अनुसार पोषक तत्त्वों से भरपूर भोजन की जरूरत होती है। महत्त्वपूर्ण यह नहीं कि व्यक्ति कितनी मात्रा में भोजन लेता है, वरन् यह बहुत आवश्यक है कि वह कितना पोषक तत्त्वों से युक्त संतुलित आहार ग्रहण करता है। संतुलित आहार को इस तरह से विश्लेषित व परिभाषित किया जा सकता है—"एक ऐसा मिश्रित आहार, जिसमें सभी पोषक तत्त्व एक निश्चित अनुपात एवं मात्रा में विद्यमान हों, शरीर को उपयुक्त मात्रा में ऊर्जा प्रदान करेगा। क्षतिपूरक, वृद्धिकारक, शारीरिक विकास की दृष्टि से भरपूर, शरीर को निरोग एवं स्वस्थ रखनेवाला तथा शरीर के विभिन्न अवयवों व अंगों को सुचारु रूप से संचारित, नियंत्रित व संयमित करनेवाला आहार ही संतुलित आहार है।"

मानव जीवन को स्वस्थ, बलवान एवं क्रियाशील बनाए रखने के लिए संतुलित भोजन, जिसमें अनेक प्रकार के पोषक तत्त्व, जैसे—कार्बोहाइड्रेट, प्रोटीन, वसा, विटामिन एवं खनिज लवण विद्यमान हों, इन तत्त्वों से भरपूर भोजन को संतुलित आहार माना जाता है। इस संतुलित भोजन को व्यक्ति बहुत ही कम संसाधनों व धन के द्वारा अर्जित कर सकता है। संतुलित आहार या भोजन के विषय में यदि व्यक्ति कुछ महत्त्वपूर्ण बिंदुओं को ध्यान में रखे तो वह लंबी उम्र तक स्वस्थ जीवन बिता सकता है—

1. **संतुलित आहार** : यह शारीरिक कार्य एवं क्षमता (उम्र, लिंग, व्यवसाय) आदि के अनुसार होना चाहिए। मानव विकास की विभिन्न अवस्थाओं एवं गर्भवती माताओं को भ्रूण व शिशु की वृद्धि व विकास के लिए विशेष पौष्टिक भोजन की जरूरत होती है। इसी तरीके से छोटे-बड़े तथा शारीरिक एवं मानसिक कार्य करनेवाले व्यक्तियों के लिए अलग-अलग पौष्टिक आहार की जरूरत होती है।

संतुलित आहार के लिए यह आवश्यक है कि वह व्यक्ति के स्वाद एवं इच्छा के अनुकूल हो, उसमें पर्याप्त मात्रा में प्रोटीन एवं खनिज लवणों की मात्रा सही तरीके से विद्यमान हो, जिससे व्यक्ति को शक्ति एवं बीमारियों से लड़ने की ताकत मिलती रहे।

(ख) पोषण के प्रकार

पोषण के द्वारा व्यक्ति को यह ज्ञात होता है कि उसके भोजन में ऐसे कौन से पोषक तत्त्व हैं, जो उसे भोजन के द्वारा मिल रहे हैं, जिससे उसका शरीर वृद्धि एवं विकास करता हुआ उत्तम स्वास्थ्य की ओर अग्रसर हो रहा है। व्यक्ति के शरीर में प्रोटीन, खनिज लवण, जल और कार्बोहाइड्रेट का पर्याप्त मात्रा में संतुलन ही 'पोषण' कहलाता है। पोषण के द्वारा व्यक्ति के शरीर में महत्त्वपूर्ण पोषक तत्त्व उपलब्ध होते हैं। इन विभिन्न पोषक तत्त्वों को व्यक्ति अपने भोजन के द्वारा लगातार ग्रहण करता है तो इसे 'पोषण' की संज्ञा दी जाती है। सामान्य तौर पर कहें तो 'पोषण वह प्रक्रिया है, जिससे जीव-जंतु भोजन प्राप्त करते हैं।' जिसमें विभिन्न प्रकार के पोषक तत्त्व मौजूद हों तथा जिस भोजन का उपयोग व्यक्ति अपने दैनिक जीवन में करते हैं, उसे ही 'पोषण' कहते हैं। पोषण ही जीवन की वृद्धि व विकास का मुख्य कारक है।

अतिपोषण : अनेक वैज्ञानिकों ने पोषण की परिभाषा निम्नलिखित प्रकार से दी है—टर्नर के अनुसार, "पोषण शरीर में होनेवाली विभिन्न क्रियाओं का संगठन है, जिसके द्वारा जीवित प्राणी ऐसे पदार्थों को ग्रहण तथा उपयोग करता है, जो शारीरिक टूट-फूट की मरम्मत करते हैं।"

चैंबर्स डिक्शनरी के अनुसार, "पोषण का अर्थ है, एक्ट और प्रोसेस ऑफ नर्सिंग, अर्थात् भोजन चूषक कार्य अथवा प्रक्रिया, जहाँ पर 'चूषक' शब्द का अर्थ है भोजन के प्रमुख तत्त्वों को खींचकर शरीर का अंग बनाना।"

पोषण को तीन प्रकारों में विभाजित किया जा सकता है—

1. इष्टतम पोषण (उत्तम पोषण या सुपोषण)
2. कुपोषण
3. अतिपोषण

1. इष्टतम पोषण

व्यक्ति की शारीरिक जरूरतों के अनुसार जब संतुलित मात्रा में उत्तम पोषण या सुपोषण मिलता रहता है तो उसके शरीर का शारीरिक एवं मानसिक तौर पर उत्तरोत्तर विकास होता रहता है।

इष्टतम पोषण के द्वारा व्यक्ति को भूख लगने के साथ ही स्वाद का आभास होता रहता है। अपने दैनिक जीवन में क्रियाशील बने रहने के लिए उसके सभी कार्य निश्चित समय पर संपन्न हो जाते हैं। इससे व्यक्ति की सभी शारीरिक क्रियाओं, जैसे—पाचन, रक्त संचार, श्वसन प्रक्रियाएँ भलीभाँति कार्य करती रहती हैं। उत्तम पोषण से मानव शरीर में रोगों एवं बीमारियों से लड़ने हेतु प्रतिरोधक क्षमता बढ़ती है, जिससे संक्रामक रोगों से उसका बचाव होता है। कोरोनाकाल, अर्थात् सन् 2019 से लेकर वर्तमान को दृष्टिगत रखते हुए यह सिद्ध हो गया है कि जिन व्यक्तियों ने अतीत, वर्तमान एवं भविष्य में अपने संतुलित भोजन पर ध्यान दिया है, वे ही इस महाविपदा काल में स्वयं को स्वस्थ और जीवित रख सके हैं। इष्टतम पोषण के द्वारा व्यक्ति में भावात्मक स्थिरता बढ़ती ही है, इसके साथ ही उसके सोचने-समझने एवं व्यक्तिगत जीवन में विकास की प्रवृत्ति भी उत्तम होती है। इष्टतम पोषण या सुपोषण के माध्यम से व्यक्ति का शारीरिक विकास समुचित होने के साथ ही उसका वजन, ऊँचाई के अनुसार, उम्र के संतुलित अनुपात में बढ़ता रहता है। व्यक्ति के शरीर की मांसपेशियाँ सुदृढ़ होने के साथ ही उसका पूरा शारीरिक ढाँचा कांतिमय एवं लक्षण से युक्त उत्तम पोषण की गवाही प्रस्तुत करता है।

2. कुपोषण

जब व्यक्ति को उसकी शारीरिक जरूरतों के अनुसार उचित मात्रा में पोषक तत्त्वों से भरपूर पौष्टिक आहार प्राप्त नहीं हो पाता है या वह जरूरत से अधिक भोजन ग्रहण करता है तो व्यक्ति के शरीर की वृद्धि एवं विकास तथा उसकी क्रियाशीलता पर नकारात्मक प्रभाव पड़ता है।

ऐसी स्थिति को 'कुपोषण' कहा जाता है। कुपोषण के कारण शिशुओं और स्त्रियों में अधिकतर रोग प्रतिरोधक क्षमता की कमी हो जाती है, जिससे उनके

शरीर में अनेक बीमारियाँ अपना घर बना लेती हैं। विश्व स्वास्थ्य संगठन के अनुसार, वर्तमान में 4.6 करोड़ लोग कुपोषण का शिकार हैं और 15.9 करोड़ बच्चे इससे प्रभावित हैं। 118 देशों में 14 करोड़ स्कूली बच्चे व 70 करोड़ गर्भवती महिलाएँ कुपोषण की शिकार हुई हैं। व्यक्ति के स्वास्थ्य को प्रभावित करनेवाला प्रमुख कारक पोषण है। शरीर के अच्छे स्वास्थ्य के लिए संतुलित रूप में पोषक तत्त्वों और ऊर्जा की जरूरत होती है।

व्यक्ति को कुपोषण से बचने के लिए अपने संतुलित आहार में जिन महत्त्वपूर्ण तत्त्वों की जरूरत होती है, वे इस प्रकार हैं—कार्बोहाइड्रेट, वसा, प्रोटीन एवं विटामिन, फाइबरयुक्त भोजन व जल।

3. अतिपोषण

पोषण का प्रभाव व्यक्ति की उम्र, लिंग व जीवन-शैली पर देखने को मिलता है। कम या अधिक मात्रा में व्यक्ति के शरीर में इसका अच्छा व बुरा व्यवहार देखने को मिलता है। पोषक तत्त्वों की कमी या अधिकता से, जिन्हें अल्प या अतिपोषण या कुपोषण कहा जाता है, के निम्नलिखित कारण हो सकते हैं—

भोजन का पर्याप्त न मिलना, उपयुक्त एवं उचित भोजन का अभाव, व्यक्तिगत आदतें, दोषपूर्ण या अपूर्ण पाचन व शोषण, शरीर में पर्याप्त व उपयुक्त तथा उचित भोजन का अभाव होना। जब किसी व्यक्ति में ये लक्षण होते हैं, तब वह कुपोषण का शिकार हो जाता है। देशकाल व वातावरण के अनुसार व्यक्ति को उसकी शारीरिक क्षमताओं व दैनिक कार्यकलापों को संपन्न कराने के लिए उपयुक्त एवं सही मात्रा में भोजन की जरूरत होती है, जब इन जरूरतों को शरीर भोजन से पूरा नहीं कर पाता है तो वह कुपोषण का शिकार हो जाता है।

व्यक्ति की कुछ आदतें भी उसे कुपोषण का शिकार बनाती हैं, जैसे अधिक कार्य करना, कम नींद लेना, स्वास्थ्यप्रद वातावरण का अभाव, सामाजिक, धार्मिक प्रतिबंध, जो आर्थिक स्तर पर होते हैं। उदाहरण के लिए, कोरोनाकाल में वैश्विक बंदी होना अथवा अनेक ऐसे सामाजिक एवं धार्मिक कारणों से व्यक्ति के अधिक दिनों तक उपवास रखने के कारण वह शरीर में संतुलित मात्रा में

मिलनेवाले पोषक तत्त्वों से वंचित रह जाता है। अनेक ऐसे लोग भी होते हैं, जो आहार संबंधी पर्याप्त जानकारियाँ न होने के कारण ऐसा परंपरागत भोजन ग्रहण करते हैं, जिसमें प्रोटीन, विटामिन व खनिज तत्त्वों की कमी पाई जाती है, जिससे वे कुपोषण का शिकार हो जाते हैं। जल्दी-जल्दी भोजन करना, अनेक नशीले पदार्थों का सेवन करना, उचित समय पर भोजन न करना, इसके साथ ही बहुत जल्दी भोजन ग्रहण करना भी व्यक्ति के शरीर को कुपोषित करता है।

अपूर्ण पाचन एवं दोषपूर्ण क्रियाएँ : मानव शरीर में कुछ परिस्थितियों में गलत आहार से पोषक तत्त्वों का पाचन व पोषण सही न होने, दोषपूर्ण होने से उसके शरीर में अनेक तरह की बीमारियाँ उत्पन्न हो जाती हैं, जिससे अल्पपोषण की स्थिति उत्पन्न होने लगती है। मधुमेह रोग के रोगी इस प्रकार की परेशानियों से ग्रस्त रहते हैं। खाना पकाने की सही विधि ज्ञात न होने व अज्ञानता के कारण भी व्यक्ति कुपोषण का शिकार हो जाता है।

व्यक्ति अनेक तरह की मनोवैज्ञानिक एवं मानसिक स्थितियों एवं परिस्थितियों के कारण अल्प भोजन का शिकार हो जाता है। प्रियजनों की असामयिक मृत्यु या जीवन में मिलनेवाली असफलताएँ, इसके साथ ही पारिवारिक जीवन की समस्याओं की चिंता व निराशा मनोवैज्ञानिक रूप से व्यक्ति के पाचनतंत्र को प्रभावित करती हैं, जिससे व्यक्ति भोजन की उपेक्षा करने लगता है और भोजन की उपेक्षा या उदासीनता व्यक्ति को कुपोषण का शिकार बना देती है।

अतिपोषण-तीव्र कुपोषण (एक्यूट, माल न्यूट्रिशन) को तीन अलग-अलग प्रकारों में विभाजित किया गया है—

1. मरसेमस : अतिपोषण के इस प्रकार में व्यक्ति के शरीर में वसा तेजी से कम होने लगती है, जिससे शरीर के ऊतक (टिश्यू) भयंकर रूप से खराब होने लगते हैं, जिसके कारण व्यक्ति के शरीर का प्रतिरक्षा तंत्र कमजोर होने लगता है।

2. क्वाशियोरकोर : इस स्थिति में बॉडी फ्लूड या शरीर का तरल पदार्थ शरीर से बाहर नहीं निकल पाता, जिसके कारण व्यक्ति की त्वचा व बालों का रंग परिवर्तित होने लगता है। मोटापा, डायरिया, मांसपेशियों से मांस का कम होना, रोग प्रतिरक्षा तंत्र का कमजोर होना, वजन बढ़ना, विकास

अवरुद्ध होना, घुटनों, पैरों और शरीर के निचले हिस्से में सूजन होना भी इसके लक्षण होते हैं।

3. मर्समिक कुपोषण : यह मरसेमस और क्वाशियोरकोर का मिश्रित रूप होता है, जिसमें दोनों बीमारियों के लक्षण होते हैं।

(ग) भोज्य पदार्थ समूह

भोज्य पदार्थों को विभिन्न डॉक्टरों व वैज्ञानिकों ने अलग-अलग समूहों में वर्गीकृत किया है। भोज्य पदार्थों से प्राप्त होनेवाले पोषक तत्त्वों के आधार पर अमेरिका की नेशनल रिसर्च कौंसिल ने इन्हें सात आधारभूत समूहों में विभाजित किया है, जिन्हें आधारी या मौलिक सात समूह की संज्ञा दी गई है। ये सातों भोज्य पदार्थ समूह मानव शरीर को उसकी आवश्यकता के अनुसार पौष्टिक भोजन या पोषक तत्त्वों से युक्त भोजन उपलब्ध कराते हैं, वहीं 'डेली फूड गाइड', जो भारतवर्ष का भोज्य पदार्थों का एक चर्चित समूह है, ने भोज्य पदार्थों को पाँच भोज्य समूहों में बाँटा है। समूह में विभाजित करने का उद्देश्य व्यक्ति को भोज्य पदार्थों में उत्तम भोजन की उपलब्धता कराना है। व्यक्ति के, विशेषकर भारतीय आहार में, इन पाँचों भोज्य समूहों में पर्याप्त मात्रा में भोज्य पदार्थों का समावेश किया जाए तो शरीर को सभी आवश्यक तत्त्व प्राप्त हो जाएँगे। भारतीय संदर्भ में मानव शरीर को स्वस्थ रखने के लिए आई.सी.एम.आर. ने छह भोज्य समूहों के आधार पर इनका वर्गीकरण किया है। यही कारण है कि आहार-योजना बनाते समय भोज्य पदार्थों से सहायता लेकर मानव विभिन्न आयु वर्गों के लिए अपने आहार की तालिका तैयार कर सकता है।

भोज्य पदार्थ समूह के आधारभूत सात वर्ग

प्रथम समूह : इसके अंतर्गत हरी सब्जियाँ, जिसमें विटामिन 'ए', 'बी', 'सी' तथा आयरन के अच्छे साधन आते हैं।

द्वितीय समूह : इसके अंतर्गत विटामिन 'सी' युक्त आहार जैसे रसीले फल, आँवला, अमरूद तथा ताजी सब्जियाँ आती है।

तृतीय समूह : इसके अंतर्गत वे सब्जियाँ या फल, जो प्रथम या द्वितीय

भोज्य पदार्थ समूह में नहीं आते, बल्कि इसके उपसमूह में आते हैं, जैसे—लीची, केला, खरबूजा, ककड़ी, बैंगन, करेला इत्यादि।

चतुर्थ वर्ग समूह : इसके अंतर्गत दूध व इससे संबंधित भोज्य पदार्थों को सम्मिलित किया गया है।

पंचम समूह : इसके अंतर्गत प्रोटीन के उत्तम साधन अंडे, मांस व दालों को सम्मिलित किया गया है।

छठा समूह : इसके अंतर्गत ब्रेड व चावल आदि को रखा गया है।

सप्तम समूह : इस वर्ग में चर्बीयुक्त भोज्य पदार्थों, जैसे मक्खन, तेल, घी इत्यादि को स्थान दिया गया है।

डेली फूड गाइड के अनुसार, पाँच भोज्य समूह में भोज्य पदार्थों का बँटवारा इस प्रकार किया गया है, जिससे शरीर को सभी आवश्यक तत्त्व प्राप्त हो सकें।

प्रथम भोज्य समूह में दूध व इससे बने पदार्थ सम्मिलित हैं। द्वितीय समूह में अंडा, मांस, मछली आते हैं। तृतीय समूह में फल व सब्जियाँ आती हैं। चतुर्थ समूह के अंतर्गत जड़वाली सब्जियाँ आती हैं। पंचम समूह के अंतर्गत शक्कर, गुड़, तेल व वसा को रखा गया है।

भोज्य पदार्थ के तृतीय समूह के अंतर्गत भारतीय संदर्भ में संतुलित भोजन के लिए आई.सी.एम.आर. ने छह पदार्थ समूहों को वरीयता दी है। प्रथम के अंतर्गत दाल, दूध, अंडा, मांस व मछली को सम्मिलित किया गया है। द्वितीय के अंतर्गत हरी व पीली साग-सब्जियाँ व विभिन्न प्रकार के फलों को रखा गया है। तृतीय समूह के भोज्य पदार्थ में विटामिन 'सी' से संबंधित फलों एवं इसी श्रेणी के अंतर्गत आनेवाली सब्जियों को रखा गया है। चतुर्थ श्रेणी में दूसरी सब्जियाँ आती है, जो शरीर को ऊर्जा प्रदान करती हैं। पंचम श्रेणी के खास समूहों में अनाज व आयरन की कमी को पूरा करनेवाले समूह को वरीयता दी गई है। षष्ठ श्रेणी के अंतर्गत तेल व वसा तथा शक्करवाले समूह को रखा गया है।

हर व्यक्ति अपने जीवन में विभिन्न प्रकार के भोजन को ग्रहण करता है। भोजन मानव जीवन के लिए उपयोगी और ऊर्जा प्रदान करने के साथ ही शारीरिक विकास व क्षति से उसका संरक्षण करता है। इसलिए मानव को स्वस्थ रहने के लिए अपने दैनिक जीवन में विभिन्न प्रकार के भोज्य पदार्थों को सम्मिलित करना

चाहिए। अपने भोजन में सही आहार का सेवन किस प्रकार किया जाए, यह एक महत्त्वपूर्ण एवं उपयोगी बात है, जिसकी हर व्यक्ति को जानकारी होनी चाहिए।

विभिन्न प्रकार से उपलब्ध भोजन द्वारा भोजन समूह को तीन भागों में विभाजित किया जा सकता है—(1) ऊर्जा देनेवाला भोजन, (2) शरीर का निर्माण करनेवाला भोजन, (3) विनियामक तथा प्रतिरक्षात्मक भोजन।

ऊर्जा देनेवाले भोजन की श्रेणी में अनेक पोषक तत्त्व (जैसे कार्बोहाइड्रेट, वसा एवं शर्करा) पाए जाते हैं। शरीर का निर्माण करने में दालें, दूध, मांस जैसे भोजन आते हैं। इनसे व्यक्ति को पर्याप्त प्रोटीन प्राप्त होता है।

विनियामक व प्रतिरक्षात्मक भोजन में फल व सब्जियाँ आती हैं, इनसे व्यक्ति को शरीर में खनिज लवणों की प्राप्ति होने के साथ ही भरपूर मात्रा में विटामिन मिलता है।

भोज्य पदार्थ समूहों को वैसे तो अनेक श्रेणियों में विभाजित किया गया है, लेकिन पाँच तरीके की भोजन प्रणाली को विशेष मान्यता मिली हुई है।

पाँच भोजन समूह प्रणाली

भोजन समूह	**भोज्य पदार्थ**	**प्रमुख पौष्टिक तत्त्व**
अनाज तथा उनके उत्पाद	चावल, गेहूँ, रागी, बाजरा, ज्वार, जौ, चावल का आटा, गेहूँ का आटा आदि।	कार्बोहाइड्रेट, प्रोटीन, विटामिन 'बी', लौह तत्त्व, रेशा
दालें और फलियाँ	चने की दाल, काला चना, हरी मूँग, मसूर (साबुत या धुली) मटर, राजमा, सोयाबीन व फलियाँ आदि	कार्बोहाइड्रेट, प्रोटीन, विटामिन 'बी', लौह तत्त्व
दूध, अंडे तथा मांस उत्पाद	दूध, दही, मक्खन, पनीर, छाछ, लस्सी, मांस, मुरगा, मछली, अंडा	रेशा, प्रोटीन, वसा, विटामिन 'बी', प्रोटीन, वसा, विटामिन 'ए'

फल और सब्जियाँ	आम, अमरूद, टमाटर, संतरा, पपीता, केला, नारंगी, तरबूज, सेब, गाजर तथा सीताफल, हरी पत्तेदार सब्जियाँ, बथुआ, पालक, सहजन, सरसों, मेथी की पत्तियाँ, बैंगन, भिंडी, शिमला मिर्च, गोभी आदि	विटामिन 'ए', विटामिन 'सी', रेशे, विटामिन 'ए', कैल्सियम, लौह तत्त्व, रेशे। कार्बोहाइड्रेड तथा रेशे
वसा तथा शर्करा	वसा, मक्खन, घी, हाइड्रोकृत तेल, मूँगफली का तेल, सरसों व नारियल का तेल शर्करा : चीनी, गुड़, शहद	कार्बोहाइड्रेट, वसा कार्बोहाइड्रेट

इस प्रकार उपर्युक्त वर्णित भोज्य समूहों की पोषण में महत्त्वपूर्ण भूमिका होती है। सभी प्रकार के अनाज जैसे चावल, गेहूँ, रागी, बाजरा, मक्का आदि में पोषक तत्त्व प्रचुर मात्रा में उपलब्ध होते हैं, जैसे कार्बोहाइड्रेट, प्रोटीन, विटामिन 'बी', लौहतत्त्व, रेशे, जबकि सभी दालों में प्रोटीन, विटामिन 'बी', लौह तत्त्व प्रचुर मात्रा में होते हैं। इसी प्रकार फल तथा सब्जियों में विटामिन तथा खनिज तत्त्व उपलब्ध होते हैं। वहीं दूध, अंडे और मांस के उत्पादों में पोषक तत्त्व प्रचुर मात्रा में पाए जाते हैं। इसलिए यदि हम एक ही भोजन समूह से एक भोज्य पदार्थ के स्थान पर दूसरे भोज्य पदार्थ का सेवन करते हैं तो हमें लगभग समान पोषक तत्त्व प्राप्त हो जाते हैं।

(घ) भोजन के कार्य

भोजन के मुख्य रूप से तीन कार्य होते हैं—1. ऊर्जा उत्पादन करना, 2. शरीर का निर्माण, विकास एवं पुष्ट करना, 3. शारीरिक तंतुओं के कार्यों को

सुरक्षा प्रदान करना व उन्हें संयमित रखना। इस तरह से मानव शरीर को सुचारु रूप से संचालित करने के लिए भोजन ऊर्जा प्रदान करने के साथ ही शरीर का विकास करता हुआ, उसे निर्मित करने का कार्य करता हुआ, उसे सुरक्षा प्रदान करता है।

शरीर निर्माण कार्य : भोजन में उपस्थित अनेक पोषक तत्त्व व्यक्ति के शरीर में वृद्धि और विकास करते हैं। जीवन की विभिन्न अवस्थाओं, जैसे— शिशु, बाल्य तथा किशोरावस्था में यह विकास बहुत तेजी से होता है। इसलिए इन्हीं अवस्थाओं में अधिक पोषक तत्त्वों की आवश्यकता होती है। जीवन के मध्य, अर्थात् प्रौढ़ावस्था में विकास एवं वृद्धि की प्रक्रियाएँ बहुत अधिक सक्रिय नहीं रहतीं, लेकिन कोशिकाओं के क्षरण की प्रक्रिया तेजी से होने के कारण इनकी पुष्टि के लिए भोजन अति आवश्यक होता है। शरीर के इस क्षरण की पूर्ति हेतु भोजन में प्रोटीन की बहुत जरूरत होती है।

शरीर के पुनर्निर्माण एवं कोशिकाओं के क्षरण को पूरा करने के लिए भोजन में जिन खाद्य पदार्थों की जरूरत होती है, उनमें दालें, मटर, मूँगफली, चना, तिलहन, सेब, अनाज, मांस, मछली के साथ दूध-दही व दूध दही से बननेवाले पदार्थ, जैसे पनीर, दही शरीर निर्माण में सहायक होते हैं।

ऊर्जा उत्पादन कार्य : मानव शरीर के विभिन्न कार्यकलापों को सुचारु रूप से संपन्न कराने के लिए ऊर्जा की अत्यधिक जरूरत होती है। शरीर में यह ऊर्जा अतिरिक्त मांसपेशियों में सक्रियता प्रदान करते हुए व्यक्ति की आयु व कार्य करने के प्रकारों हेतु सहायक होती है। स्पष्ट है कि जीवन के प्रारंभिक विकास के दौर में उसके शारीरिक विकास व वृद्धि के लिए पर्याप्त मात्रा में ऊर्जा की आवश्यकता होती है। शारीरिक विकास में प्रोटीनवाले तत्त्वों की भूमिका महत्त्वपूर्ण होती है। इसके अतिरिक्त लोहा, कैल्सियम, कार्बोहाइड्रेट व वसा भी शरीर को तुरंत ऊर्जा प्रदान करते हैं। अन्य भोज्य पदार्थ, जो शरीर को तुरंत ऊर्जा प्रदान करते हैं, वे इस प्रकार हैं—अनाज, सब्जियाँ, दालें, फल, तिलहन, तेल, घी, मक्खन, गुड़, शहद व शक्कर।

सुरक्षात्मक कार्य : मानव शरीर को आंतरिक तौर पर स्वस्थ रखने व सुरक्षा प्रदान करने तथा विभिन्न शारीरिक क्रियाओं को सक्रिय रखने में भोजन

का महत्त्वपूर्ण स्थान है। खाद्य पदार्थों में विद्यमान अनेक पोषक तत्त्व, विटामिन व खनिज लवण आदि इस कार्य को पूर्ण करते हैं। इसलिए इन तत्त्वों का भोजन में उचित मात्रा में होना अति आवश्यक है। इनकी अधिकता व कमी से मानव शरीर प्रभावित होता है। अधिकतर खाद्य पदार्थों में शरीर को सुरक्षा प्रदान करनेवाले पोषक तत्त्व विद्यमान रहते हैं, लेकिन विटामिन व खनिज के रूप में दूध व फल, अंडा, मांस तथा हरी पत्तेदार सब्जियाँ इसके प्रमुख स्रोत माने जाते हैं।

भोजन का नियोजन : मानव अपने जीवन को निरोगी व स्वस्थ बनाए रख सके तथा अपने दैनिक जीवन में कार्यों व उत्तरदायित्वों को कुशलता से निर्वहन कर सके, इसे 'भोजन का नियोजन' कहा जाता है। परिवार का प्रत्येक सदस्य अपने शरीर की माँग के अनुसार पूर्ति हेतु प्रतिबद्ध रहे, यही 'भोजन का नियोजन' कहलाता है।

आहार (भोजन) को प्रभावित करनेवाले कारक इस प्रकार हैं—हर व्यक्ति अपनी दिनचर्या में तीन तरह से भोजन ग्रहण करता है। सुबह का नाश्ता, दोपहर का भोजन (लंच) तथा रात्रि का भोजन (डिनर)। इन आहारों के बीच-बीच वह कभी-कभी सूक्ष्म जलपान ग्रहण कर लेता है; हालाँकि दिन के भोजन से वह अनेक पोषक तत्त्व ग्रहण कर लेता है। इसलिए हर व्यक्ति की आवश्यकता है कि वह भोजन में पाँच भोज्य समूहों को शामिल करे। यह कहा जा सकता है कि भोजन नियोजन वह प्रक्रिया है, जिसमें व्यक्ति के प्रत्येक दिन में लिये जानेवाले आहार का नियोजन किया जाता है।

भोजन नियोजन के लिए आवश्यक है कि उसका प्रबंधन कौशल से किया जाए। पौष्टिकता की दृष्टि से स्थानीय रूप से उपलब्ध ताजा व मौसमी, परंपरागत ढंग से तैयार भोजन प्रयोग में लाया जा सकता है।

इसके साथ ही परिवार के सभी सदस्यों को प्रारंभ से ही भोजन की पोषण संबंधी आवश्यकताओं को पूरा करने का ज्ञान दिया जाए। इसके साथ ही भोजन में प्रयोग न होनेवाली सब्जियों, शकरकंदी, शलजम, गाजर, मूली की पत्तियों का प्रयोग भी किया जाए। रसोईघर में बचे भोज्य पदार्थों का प्रयोग कुशलता की दृष्टि से पुनर्निर्माण कर किया जा सकता है। परिवार के अन्य सदस्यों की जरूरत व आवश्यकता के अनुसार भोज्य पदार्थों को संवेदनात्मक दृष्टि से भोजन

में सम्मिलित किया जाए। संतुलित आहार प्रदान करने के लिए लक्ष्य निर्धारण, नियोजन व समस्या का समाधान एवं निर्णय लेना भी आवश्यक है। भोजन नियोजन को प्रभावित करनेवाले प्रमुख कारकों, परंपरागत से लेकर आधुनिक तरह से भोजन तैयार करनेवाले लोगों को भोजन नियोजन के लिए ऊपर लिखित कौशलों के साथ-साथ ऐसे महत्त्वपूर्ण कारकों पर विचार करना होगा, जिनसे भोजन की उपयोगिता का महत्त्व सदा बना रहे। भोजन नियोजन को मुख्य रूप से निम्नांकित छह कारक प्रभावित करते हैं—

आयु, लिंग, मौसमी उपलब्धता, मौसम, व्यवसाय और मनोवैज्ञानिक आवश्यकताएँ। भोजन का उम्र से विशेष नाता रहा है। एक नवजात शिशु अपने प्रारंभिक जीवन के एक साल तक माँ का या डॉक्टर द्वारा सुझाए गए अन्य दूध का सेवन करता है। साथ ही शिशु अपने भोजन में पेय पदार्थों—दलिया, खिचड़ी, दाल का पानी ही ग्रहण करता है। उम्र की किशोरावस्था में वही शिशुओं की अपेक्षा अनेक प्रकार के भोजन को पर्याप्त मात्रा में ग्रहण करने लगता है। पौष्टिकता का संबंध व्यक्ति की उम्र से जुड़ा रहता है। इसलिए बढ़ती व ढलती उम्र में भोजन की मात्रा व गुणवत्ता भिन्न होती जाती है। भोजन नियोजन में लिंग की भूमिका, चूँकि पुरुष की तुलना में महिलाएँ कुछ अपवादों को छोड़कर बहुत अधिक मेहनतवाला कार्य नहीं करती हैं, इसलिए पुरुषों की तुलना में महिलाएँ कमजोर तथा पुरुष ताकतवर होते हैं। इसलिए अधिकतर पुरुषों को महिलाओं की तुलना में अधिक ऊर्जा व प्रोटीन की जरूरत होती है। इसलिए भोजन नियोजन करते समय परिवार के सदस्यों को लिंग का विशेष ध्यान रखना चाहिए।

मौसम को ध्यान में रखते हुए भोजन नियोजन में मौसमी वस्तुओं को प्राथमिकता देनी चाहिए। सर्दियों के मौसम में अधिकतर मूली, मेथी, गाजर तथा मटर उपलब्ध होती हैं, जबकि गरमी के मौसम में करेला, भिंडी, घिया उपलब्ध होती हैं। ये सब सस्ती व ताजी तथा पौष्टिक होती हैं और आसानी से सभी जगह उपलब्ध होती हैं।

हर व्यक्ति मौसम के अनुसार भोजन पसंद करता है। मौसम के अनुसार, जैसे सर्दियों की तुलना में गरमियों में वह कम भोजन ग्रहण करता है, इसके पीछे

यह कारण रहता है कि सर्दियों के मौसम में शरीर के तापमान को नियंत्रित रखने के लिए व्यक्ति को अधिक ऊर्जा की जरूरत रहती है। सर्दियों के मौसम में शरीर में ऊर्जा बनाए रखने के लिए तिल की पट्टी, मूँगफली तथा सूखे मेवे लोग चाव से खाते हैं। ये ऊर्जा से भरपूर पोषक तत्त्व होते हैं, जो मानव शरीर के तापमान को संतुलित बनाए रखने में सहायक होते हैं।

व्यक्ति अपने जीवन में जीविका से जुड़े रहने के लिए अनेक तरह से श्रम करता है। कुछ व्यवसायी होते हैं तो कुछ नौकरीपेशा, कुछ श्रमिक होते हैं तो कुछ खिलाड़ी व किसान। व्यवसायी, दुकानदार नौकरीपेशा की तुलना में अधिक शारीरिक श्रम का कार्य करते हैं, इसलिए उन्हें अधिक प्रोटीन, कार्बोहाइड्रेट की दैनिक जीवन में जरूरत होती है। इसलिए परिवार में भोजन का नियोजन करते समय परिवार के प्रत्येक व्यक्ति के व्यवसाय को दृष्टि में रखकर इसका नियोजन करना चाहिए।

किसी भी परिवार का भोजन नियोजन करते समय उसके प्रत्येक सदस्य की भौतिक रूप से मनोवैज्ञानिक जरूरतों, जैसे—गर्भवती महिलाओं तथा दुग्धपान करानेवाली महिलाओं की आवश्यकताओं को ध्यान में रखना होगा, वहीं दूसरी ओर किशोरावस्था की दहलीज पार करनेवाले किशोरों को अपने भोजन में पर्याप्त प्रोटीन व अधिक मात्रा में ऊर्जा की आवश्यकता को ध्यान में रखना होगा तो परिवार के वयोवृद्ध आत्मीय जनों को हलके व आसानी से पचनेवाले भोजन की जरूरत को ध्यान में रखते हुए उसका नियोजन करना होगा।

भोजन नियोजन पर परिवार की आर्थिक आय का विशेष प्रभाव रहता है। आर्थिक स्रोत परिवार के भोजन की गुणवत्ता तथा मात्रा को प्रभावित करते हैं, इसलिए आर्थिक स्रोतों को दृष्टि से अपने परिवार के संतुलित आहार का नियोजन करते समय महँगी खाद्य वस्तुओं के उपकारकों को ध्यान में रखते हुए खाने का प्रबंध करना होगा, जैसे—बादाम, काजू के स्थान पर मूँगफली तथा पनीर के स्थान पर सोयाबीन का प्रयोग कर व्यक्ति उतने ही पोषक तत्त्व अपने भोजन में सम्मिलित कर सकता है।

अभ्यास प्रश्न

1. मानव शरीर के विकास व वृद्धि के लिए किस तत्त्व की आवश्यकता होती है ?

   (क) पोषक तत्त्व (ख) जल
   (ग) हवा (घ) अग्नि

2. मनुष्य के लिए निम्नलिखित में से सर्वाधिक आवश्यक क्या है ?

   (क) वस्तु (ख) भोजन
   (ग) फसलें (घ) यंत्र

3. भोजन के महत्त्वपूर्ण कार्य क्या नहीं होते हैं ?

   (क) यह टूटी-फूटी हड्डियों की मरम्मत करता है।
   (ख) शरीर के विकास व वृद्धि में सहायक होता है।
   (ग) यह शरीर को ऊर्जा प्रदान नहीं करता है।
   (घ) यह शरीर को ऊर्जा प्रदान करता है।

4. शरीर में प्रोटीन का क्या कार्य है ?

   (क) यह शरीर की वृद्धि को रोकता है।
   (ख) यह बीमारियों को बढ़ाता है।
   (ग) यह शरीर के विकास व वृद्धि में सहायक होता है।
   (घ) यह कोशिकाओं का निर्माण नहीं करता है।

5. शरीर की सुरक्षा किस तत्त्व से होती है ?

   (क) विटामिन (ख) मिठाई
   (ग) नमकीन (घ) नमक

6. भोजन की जरूरत मानव शरीर में किसलिए होती है ?

   (क) खुश रहने के लिए।
   (ख) शारीरिक क्रियाओं को शक्ति प्रदान करने के लिए।
   (ग) आनंदित रहने के लिए।
   (घ) थकान मिटाने के लिए।

7. निम्नलिखित में से पोषक तत्त्व के कार्य नहीं हैं ?
   (क) ये शरीर में ऊतकों का निर्माण करते हैं।
   (ख) ये शरीर को ऊर्जा प्रदान करते हैं।
   (ग) ये शरीर में बीमारियों को बढ़ाते हैं।
   (घ) ये शरीर को क्रियाशील बनाए रखने में सहायक होते हैं।
8. पोषक तत्त्व भोजन में उपस्थित किस तरह के घटक हैं ?
   (क) अदृश्य घटक
   (ख) दृश्य घटक
   (ग) प्रत्यक्ष घटक
   (घ) पूर्ण घटक
9. कौन जैविक पोषक तत्त्व नहीं है ?
   (क) वसा (ख) प्रोटीन
   (ग) कार्बोहाइड्रेट (घ) हवा
10. निम्न में से कौन से प्रमुख पोषक तत्त्व के कार्य नहीं हैं ?
   (क) सुरक्षात्मक कार्य करना
   (ख) ऊर्जा उत्पन्न करना
   (ग) शरीर को क्षति पहुँचाना
   (घ) आंतरिक निर्माण का कार्य करना
11. इनमें से कौन खनिज लवण नहीं है ?
   (क) कैल्सियम (ख) आयरन
   (ग) सल्फर (घ) पानी
12. किन तत्त्वों की कमी से दाँतों की चमक कम हो जाती है ?
   (क) खनिज लवण (ख) कार्बोहाइड्रेट
   (ग) प्रोटीन (घ) वसा
13. कार्बन, हाइड्रोजन तथा ऑक्सीजन के मिश्रण से किसका निर्माण होता है ?
   (क) प्रोटीन (ख) वसा
   (ग) विटामिन (घ) दूध

14. मानव शरीर को ऊर्जा प्रदान करनेवाला पोषक तत्त्व नहीं है ?
(क) चीनी (ख) स्टार्च
(ग) सेल्युलोज (घ) हवा

15. मानव शरीर को स्वस्थ और सक्रिय तथा विभिन्न बीमारियों से बचाने में कौन सहायक होते हैं ?
(क) विटामिन्स (ख) वसा
(ग) कार्बोहाइड्रेट (घ) स्टार्च

16. किसे जीवनदाता की संज्ञा दी जाती है ?
(क) दूध (ख) घी
(ग) विटामिन (घ) प्रोटीन

17. विटामिन मुख्य रूप से कितने प्रकार के होते हैं ?
(क) 2 (ख) 5
(ग) 7 (घ) 10

18. विटामिन 'ए' की कमी से कौन सा रोग हो जाता है ?
(क) भूख न लगना (ख) स्कर्वी रोग
(ग) आँखों की बीमारी (घ) मसूड़ों का फूलना

19. विटामिन 'बी' की कमी से कौन सा रोग हो जाता है ?
(क) मुँह में छाले पड़ना (ख) हड्डियाँ कमजोर होना
(ग) सूखा रोग हो जाना (घ) रतौंधी की बीमारी

20. विटामिन 'सी' की कमी से मानव शरीर में कौन सा रोग हो जाता है ?
(क) सिर दर्द की समस्या (ख) स्कर्वी रोग
(ग) मानसिक कमजोरी (घ) त्वचा की बीमारी

21. विटामिन 'डी' की कमी से कौन सा रोग हो जाता है ?
(क) रिकेट्स (ख) एनीमिया
(ग) रतौंधी (घ) स्कर्वी रोग

22. निम्न में से कौन सा विटामिन वसा में घुलनशील नहीं है ?
(क) ए (ख) डी
(ग) सी (घ) ई

23. शरीर में भोजन के विभिन्न कार्यों के करने की मिश्रित एवं सामूहिक प्रक्रिया को क्या कहते हैं ?
(क) पोषण (ख) कुपोषण
(ग) अतिपोषण (घ) अल्पपोषण

24. पोषण को कितने भागों में बाँटा जा सकता है ?
(क) 1 (ख) 2
(ग) 5 (घ) 4

25. दुनिया में स्वास्थ्य संबंधी जानकारी देनेवाली नियामक संस्था कौन सी हैं ?
(क) WHO (ख) WTO
(ग) HRC (घ) UNO

26. मानव को स्वस्थ एवं दैनिक जीवन के कार्यों को संचालित करने के लिए किस आहार की आवश्यकता होती है ?
(क) कुपोषित आहार (ख) संतुलित आहार
(ग) असंतुलित आहार (घ) अपोषित आहार

27. सुपोषण क्या है ?
(क) अच्छा पोषण (ख) बुरा पोषण
(ग) बहुत बुरा पोषण (घ) कुपोषण

28. निम्नलिखित में से कुपोषण का शिकार सबसे अधिक कौन होते हैं ?
(क) गर्भवती महिलाएँ
(ख) युवा वर्ग
(ग) ताकतवर व्यक्ति
(घ) वयस्क

29. व्यक्ति को कुपोषण से बचने के लिए अपने संतुलित आहार में किस तत्त्व की जरूरत नहीं होती है ?
(क) प्रोटीन (ख) वसा
(ग) विटामिन (घ) नमकीन

30. व्यक्ति की कौन सी आदतें ऐसी हैं, जो उसे कुपोषण का शिकार नहीं बनाती हैं ?

(क) पौष्टिक आहार (ख) स्वास्थ्यप्रद वातावरण का अभाव

(ग) अधिक घंटे सोना (घ) कोई कार्य न करना

31. अतिपोषण का प्रकार है—

(क) मरमेमस (ख) मरसेमस

(ग) मसमेसम (घ) सरसेमस

32. भोज्य पदार्थ समूह को अमेरिका के रिसर्च कौंसिल ने कितने भागों में विभाजित किया है ?

(क) 2 (ख) 3

(ग) 5 (घ) 7

33. डेली फूड गाइड समूह ने भोज्य पदार्थ समूहों को कितने भागों में बाँटा है ?

(क) 3 (ख) 4

(ग) 5 (घ) 6

34. आई.सी.एम.आर. ने भोज्य पदार्थ समूहों को कितने प्रकारों में विभाजित किया है ?

(क) 3 (ख) 6

(ग) 9 (घ) 12

35. भोज्य पदार्थ समूहों के आधारभूत कितने वर्ग होते हैं ?

(क) 7 (ख) 8

(ग) 9 (घ) 10

36. भोजन समूह को कितने भागों में विभाजित किया जाता है ?

(क) 6 (ख) 5

(ग) 4 (घ) 3

37. भोजन समूह की श्रेणी में क्या आता है ?

(क) अनाज तथा उनके उत्पाद (ख) चावल

(ग) बाजरा (घ) गेहूँ

38. भोज्य पदार्थ की श्रेणी में क्या आता है ?

(क) जिंक (ख) आयरन

(ग) कैल्सियम (घ) गेहूँ का आटा

39. पौष्टिक तत्त्व की श्रेणी में किसे रखा जाता है ?

(क) प्रोटीन (ख) राजमा

(ग) मटर (घ) सोयाबीन

40. फल व सब्जियाँ किस समूह में आती हैं ?

(क) आत्मरक्षा प्रणाली (ख) सुरक्षा प्रणाली

(ग) भोजन समूह (घ) प्रतिरक्षा प्रणाली

41. मूँगफली के तेल को किस समूह में रखा गया है ?

(क) भोज्य पदार्थ समूह (ख) आत्मरक्षा प्रणाली

(ग) प्रतिरक्षा प्रणाली (घ) सुरक्षा प्रणाली

42. भोजन के प्रमुख कार्य कितने होते हैं ?

(क) 6 (ख) 4

(ग) 5 (घ) 3

43. भोजन नियोजन क्या है ?

(क) जरूरत के अनुसार भोजन की उपलब्धता

(ख) क्रय-विक्रय

(ग) खाने की बरबादी

(घ) खाने का दुरुपयोग

44. भोजन नियोजन के लिए क्या आवश्यक होता है ?

(क) धन की अधिकता (ख) प्रबंधन कौशल

(ग) धन का दुरुपयोग (घ) भोजन का क्रय-विक्रय

45. भोजन नियोजन को उम्र की भूमिका प्रभावित करती है ?

(क) हाँ

(ख) नहीं

(ग) कहा नहीं जा सकता

(घ) इनमें से कोई नहीं

46. अधिक प्रोटीन की जरूरत किसे होती है ?
(क) बच्चों को
(ख) वृद्धजनों को
(ग) नवजात शिशुओं को
(घ) शारीरिक रूप से अधिक श्रम करनेवाले लोगों को

47. पोषक तत्त्वों की आवश्यकता निम्न में से किसे सर्वाधिक होती है ?
(क) गर्भवती महिलाएँ (ख) वृद्धजन
(ग) युवा (घ) वयस्क जन

48. हलके व आसानी से पचनेवाले भोजन की आवश्यकता निम्न में से किसे होती है ?
(क) ताकतवर लोगों को (ख) वयस्क लोगों को
(ग) वयोवृद्ध जनों को (घ) वयस्क जनों को

49. भोजन नियोजन में आर्थिक कारकों की भूमिका कैसी होती है ?
(क) महत्त्वपूर्ण (ख) बहुत आवश्यक नहीं होती
(ग) प्रभावपूर्ण नहीं होती (घ) अप्रासंगिक होती है

50. बादाम, काजू का विकल्प निम्न में से क्या है ?
(क) पनीर (ख) दूध
(ग) अंडा (घ) मूँगफली

उत्तरमाला

1. (क), 2. (ख), 3. (ग), 4. (ग), 5. (क) 6. (ख), 7. (ग), 8. (क), 9. (घ), 10. (ग), 11. (घ), 12. (क), 13. (ख), 14. (घ), 15. (क), 16. (ग), 17. (क), 18. (ग), 19. (क), 20. (ख), 21. (क), 22. (ग), 23. (क), 24. (ख), 25. (क), 26. (ख), 27. (घ), 28. (क), 29. (घ), 30. (क), 31. (ख), 32. (ग), 33. (ग), 34. (ख), 35. (क), 36. (घ), 37. (क), 38. (घ), 39. (क), 40. (ग), 41. (क), 42. (घ), 43. (क), 44. (ख), 45. (क), 46. (घ), 47. (क), 48. (ग), 49. (क), 50. (घ)।

□

इकाई–2

पोषक तत्त्व : मैक्रो और माइक्रो

मानव शरीर को सुदृढ़ तथा कार्यों के संपादन हेतु बनाने के लिए पोषक तत्त्वों की आवश्यकता होती है। ये पोषक तत्त्व आहार के माध्यम से शरीर को प्राप्त होते हैं। इन पोषक तत्त्वों से शरीर को ऊर्जा प्राप्त होती है। यह ऊर्जा संतुलित मात्रा में शरीर को प्राप्त होनी चाहिए, जिससे शरीर का प्रत्येक अंग प्रभावी रूप से कार्य करने में सक्षम हो सके। यदि व्यक्ति को संतुलित मात्रा में पोषण प्राप्त होता है तो मनुष्य के शारीरिक तथा मानसिक विकास पर निम्नांकित प्रभाव पड़ते हैं—

- शरीर के विकास एवं वृद्धि में सहायता होती है तथा शरीर में होनेवाली कमियों तथा टूट-फूट को ठीक करने में सहायता मिलती है।
- शरीर को कार्य करने हेतु ऊर्जा की आवश्यकता होती है, जिससे शरीर की कार्य-क्षमता निरंतर बनी रहे।
- भोजन शरीर को सुरक्षा भी प्रदान करता है। संतुलित आहार शरीर के प्रत्येक अंग को पोषण प्रदान करता है, जिससे शरीर रोग आदि के प्रति प्रतिरोधक क्षमता का विकास कर लेता है।
- मानसिक विकास तथा आयु के साथ-साथ मानसिक चैतन्यता को बनाए रखने में भी संतुलित आहार का महत्त्वपूर्ण योगदान है।

पोषक तत्त्वों का वर्गीकरण

विशेषज्ञों ने पोषक तत्त्वों को दो वर्गों—वृहद् पोषक तत्त्व (Macro nutrients) तथा सूक्ष्म पोषक तत्त्व (Micro nutrients) में विभाजित किया है। वृहद् पोषक तत्त्वों में अंतर्गत सम्मिलित हैं—

- कार्बोहाइड्रेट
- प्रोटीन
- वसा
- जल

सूक्ष्म पोषक तत्त्वों के अंतर्गत सम्मिलित हैं—

- खनिज
- विटामिन

सर्वाधिक महत्त्वपूर्ण यह है कि सूक्ष्म तथा वृहद् पोषक तत्त्वों का विभाजन शरीर को दी जानेवाली अथवा आवश्यक मात्रा के आधार पर किया गया है, किंतु यह भ्रम नहीं होना चाहिए कि वृहद् पोषक तत्त्वों से शरीर की आवश्यकता पूर्ण हो जाएगी। संतुलित आहार में वृहद् तथा सूक्ष्म पोषक तत्त्वों की संतुलित एवं निर्धारित मात्रा ही शरीर के संतुलित तथा उपयुक्त विकास के लिए आवश्यक है। वृहद् एवं सूक्ष्म पोषक तत्त्वों में प्रत्येक तत्त्व का प्रतिनिधित्व भी होना अनिवार्य है, क्योंकि प्रत्येक तत्त्व का अपना विशिष्ट कार्य है।

अनुशंसित आहार भत्ता (Recommended Dietary Allowance)

अनुशंसित आहार भत्ता से तात्पर्य उत्तम स्वास्थ्य हेतु मानव शरीर को प्रदान किए जानेवाले आवश्यक पोषक तत्त्वों की प्रतिदिन हेतु निर्धारित मात्रा से है। इसे समय-समय पर मानवीय स्वास्थ्य की दिशा में कार्य करनेवाली विभिन्न संस्थाओं द्वारा निर्धारित किया जाता है। यह किसी देश के नागरिकों के स्वास्थ्य के लिए महत्त्वपूर्ण मानक स्थापित करता है, यद्यपि प्रत्येक व्यक्ति की आहार आवश्यकता भिन्न होती है, किंतु एक औसत व्यक्ति के लिए आयु, वजन, लिंग आदि के आधार पर पोषक तत्त्वों का निर्धारण किया जाता है।

इंडियन काउंसिल ऑफ मेडिकल रिसर्च वर्ष 1944 से निरंतर अनुशंसित

आहार भत्ता तालिका प्रस्तुत कर रहा है। अनुशंसित आहार भत्ता की गणना लोगों का मार्गदर्शन करने हेतु किया जाता है, जिससे एक स्वस्थ व्यक्ति एक स्वस्थ समाज के निर्माण में अपना योगदान दे सके। आई.सी.एम.आर. अनुशंसित आहार भत्ता निर्धारण हेतु निम्नांकित सिद्धांतों का प्रयोग करता है—

- आहार सेवन के आधार पर बच्चों की ऊर्जा आवश्यकताओं का निर्धारण किया जाता है।
- प्रारंभिक अवस्था में शिशु की वृद्धि के लिए आवश्यक पोषक तत्त्व का निर्धारण वृद्धि को आधार मानकर किया जाता है।
- वयस्कों में पोषक तत्त्व संतुलन को महत्त्वपूर्ण माना जाता है।
- पोषक तत्त्वों का उत्सर्जन के माध्यम से होनेवाला नुकसान भी महत्त्वपूर्ण कारक है।
- पोषक तत्त्वों के उत्पादन की मात्रा का आकलन अनिवार्य है।
- पोषक तत्त्वों का क्षय तथा प्रतिपूर्ति का अध्ययन भी एक महत्त्वपूर्ण कारक है।

भारतीयों के लिए अनुशंसित आहार मात्रा तालिका इस प्रकार है—

तालिका : 1
भारतीयों के लिए अनुशंसित आहार मात्रा
आई.सी.एस.आर. द्वारा अनुशंसित रिपोर्ट–2010
27 फरवरी, 2010 को प्रकाशित
(मैक्रोन्यूट्रिएंट्स और मिनरल्स)

समूह	विवरण	शरीर वजन (किग्रा.)	शुद्ध ऊर्जा (किलो कैलोरी/ प्रतिदिन	प्रोटीन ग्राम/दिन	वसा ग्राम/दिन	कैल्सियम मिग्रा./दिन	आयरन मिग्रा./दिन	जिंक मिग्रा./दिन	मैग्नीशियम मिग्रा./दिन
पुरुष	गतिहीन कार्य	60	2320	60.0	25	600	17	12	340
	सामान्य कार्य		2730		30				
	भारी कार्य		3490		40				
स्त्री	गतिहीन कार्य	55	1900	55.0	20	600	21	10	310
	सामान्य कार्य		2230		25				
	भारी कार्य		2850		30				
	गर्भवती स्त्री		+350	78	30	1200	35	12	
	स्तनपान करानेवाली स्त्री 0–6 माह		+600	74	30	1200	21		
	6–12 माह		+520	68	30				
नवजात	0–6 माह	5.4	92 कै./कि./दि*	1.16 ग्रा./कि./दि*	—	500	46 कि./दि*	—	30
शिशु	6–12 माह	8.6	80 कै./कि./दि*	1.69 ग्रा./कि/दि*	19		05	—	45
बच्चे	1–3 वर्ष	12.9	1060	16.7	27	600	09	5	50
(बालक +	4–6 वर्ष	18.0	1350	20.1	25		13	7	70
बालिका)	7–9 वर्ष	25.1	1690	29.5	30		16	8	100
बालक	10–12 वर्ष	34.3	2190	39.9	35	800	21	9	120
बालिका	10–12 वर्ष	35.0	2010	40.4	35	800	27	9	160
बालक	13–15 वर्ष	47.6	2750	54.3	45	800	32	11	165
बालिका	13–15 वर्ष	46.6	2330	51.9	40	800	27	11	210
बालक	16–17 वर्ष	55.4	3020	61.5	50	800	28	12	195
बालिका	16–17 वर्ष	52.1	2440	55.5	35	800	26	12	235

* Requirement
* Ref. : ICMR (Nutrient Requirement and RDA for Indian, A report of the expect group of the ICMR, 2021)

तालिका : 2
भारतीयों के लिए अनुशंसित आहार मात्रा (विटामिन)

तालिका- 2 :भारतीयों के लिए अनुशंसित आहार भत्ता (विटामिन)

समूह	विवरण	शरीर वजन (किग्रा.)	विटामिन ए (ug/d)		थालमिन (मिग्रा./डी)	राइबोफ्लेविन (मिग्रा./डी)	नियासिन समकक्ष मिग्रा./दिन	विटामिन-बी$_6$ मिग्रा./दिन	एस्कॉर्बिक एसिड (मिग्रा./दिन)	आहार फोलेट (ug/d)	विटामिन-बी$_{12}$ (ug/d)
			रेटिनॉल	बी-कैरोटीन							
पुरुष	गतिहीन कार्य				1.2	1.4	16				
	सामान्य कार्य	60	600	4800	1.4	1.6	18	2.0	40	200	1.0
	भारी कार्य				1.7	2.1	21				
स्त्री	गतिहीन कार्य				1.0	1.1	12				
	सामान्य कार्य		600	4800	1.1	1.3	14	2.0	40	200	1.0
	भारी कार्य				1.4	1.7	16				
	गर्भवती स्त्री	55	800	6400	+0.2	+0.3	+2	2.5	60	500	1.2
	स्तनपान करानेवाली स्त्री 0–6 माह		950	7600	+0.3	+0.4	+4	2.5	80	300	1.5
	6–12 माह				+0.2	+0.3	+3	2.5			
नवजात	0–6 माह	5.4		—	0.2	0.3	710 ug/ किग्रा.	0.1			
शिशु	6–12 माह	8.4	350	2800	0.3	0.4	650 ug/ किग्रा.	0.4	25	25	0.2
बच्चे	1–3 वर्ष	12.9	400	3200	0.5	0.6	08	0.9		80	
(बालक +	4–6 वर्ष	18.0			0.7	0.8	11	0.9	40	100	0.2
बालिका)	7–9 वर्ष	25.1	600	4800	0.8	1.0	13	1.6		120	1.0
बालक	10–12 वर्ष	34.3			1.1	1.3	15	1.6	40	140	0.2
बालिका	10–12 वर्ष	35.0			1.0	1.2	13	1.6			1.0
बालक	13–15 वर्ष	47.6	600	4800	1.4	1.6	16	2.0	40	150	0.2
बालिका	13–15 वर्ष	46.6			1.2	1.4	14	2.0			1.0
बालक	16–17 वर्ष	55.4			1.5	1.8	17	2.0	40	200	0.2
बालिका	16–17 वर्ष	52.1			1.0	1.2	14	2.0			1.0

* Requirement

* Ref. : ICMR (Nutrient Requirement and RDA for Indian, A report of the expect group of the ICMR, 2021)

तालिका : 3

दो वर्ष से अधिक आयु के व्यक्तियों हेतु अनुशंसित आहार मात्रा के अंतर्गत अमीनो अम्लो की मात्रा

क्र.सं.	अमीनो अम्ल	अनुशंसित आहार भत्ता (आर.डी.ए.) मिलीग्राम/किलोग्राम भार/प्रतिदिन
I	हिस्टीडाइन	12
II	आइसोल्यूसाइन	23
III	ल्यूसाइन	44
IV	लाइसाइन	35
V	सल्फर अमीनो एसिड मेथियोनाइन, सिस्टाइन	18
VI	एरोमैटिक अमीनो एसिड थायरोसाइन, फिनायललेनाइन	30
VII	थ्रियोनाइन	18
VIII	ट्रिप्टोफान	4.8
IX	वेलाइन	29

(क) कार्बोहाइड्रेट

कार्बोहाइड्रेट कार्बन, ऑक्सीजन तथा हाइड्रोजन के रासायनिक संयोजन से बनता है। यह सामान्यत: CH_2O के विभिन्न संयोजन से निर्मित होता है। अणुओं की आधारीय संरचना के आधार पर कार्बोहाइड्रेट निम्नांकित तीन प्रकार के होते हैं—

(1) मोनोसैकराइड्स : इनके अणुओं में शर्करा की एक इकाई होती है। ये रंगहीन तथा जल में घुलनशील होते हैं। इनका सामान्य सूत्र $C_nH_{2n}O_n$ होता है, जैसे—ग्लूकोज, फ्रक्टोज, गैलेक्टोज आदि।

(2) डाइसैकराइड्स : इनके अणुओं में शर्करा की दो इकाई होती हैं। इसमें दो मोनोसैकराइड इकाइयाँ निर्माण प्रक्रिया में भाग लेती हैं। इनका जल अपघटन भी संभव है, जैसे—माल्टोज, सुक्रोज, लैक्टोज आदि।

(3) पॉलीसैकराइड : अनेक (10 से अधिक) मोनोसैकराइड इकाइयाँ मिलकर पॉलीसैकराइड का निर्माण करती हैं। इनका जल अपघटन हो सकता है। ये मीठी नहीं होती हैं, जैसे—ग्लाइकोटनन, स्टार्च, सेलुलोज आदि।

कार्बोहाइड्रेट की आवश्यकता

कार्बोहाइड्रेट शरीर के लिए ऊर्जा का मुख्य स्रोत है। शरीर की आठ प्रतिशत तक ऊर्जा आवश्यकताओं की पूर्ति इसी के द्वारा की जाती है। एक ग्राम कार्बोहाइड्रेट से चार कैलोरी ऊर्जा की प्राप्ति होती है। ग्लूकोज ऊर्जा का सर्वप्रमुख स्रोत होता है, अतः कार्बोहाइड्रेट के सभी प्रकार ग्लूकोज के रूप में शरीर की ऊर्जा आवश्यकताओं की पूर्ति करते हैं। ये ऊर्जा आवश्यकताएँ तात्कालिक भी होती हैं तथा कुछ अंश का संग्रहण भी किया जाता है।

कार्बोहाइड्रेट के कारण ऊतक निर्माण आदि क्रियाओं हेतु प्रोटीन की बचत में भी सहायता प्राप्त होती है। अधिकांश कार्बोहाइड्रेट प्रकृति तथा स्वाद में मीठे होते हैं, जिससे भोजन में स्वाद आता है। यह वसा के उपापचय में भी सहायक होता है। कार्बोहाइड्रेट के कुछ प्रकार शरीर की विशिष्ट आवश्यकताओं में सहयोग करते हैं, जैसे लैक्टोज कैल्सियम के उपयोग तथा अवशोषण में सहायता करता है।

मस्तिष्क को ऊर्जा प्रदान कर क्रियाशील बनाए रखने का कार्य ग्लूकोज द्वारा किया जाता है। लैक्टोज आँतों में बैक्टीरिया वृद्धि में सहायता करता है। ये मूड ठीक रखने, बेहतर नींद, पाचन, तीव्र स्मृति, वजन नियंत्रण में भी सहायक हैं।

कार्बोहाइड्रेट के स्रोत

स्टार्च, शर्करा तथा सेलुलोज कार्बोहाइड्रेट के मुख्य स्रोत हैं। ये तीनों ही भोजन की विभिन्न सामग्रियों से प्राप्त होते हैं। स्टार्च के मुख्य स्रोत आलू, कच्चा सेब, केला आदि हैं। इसके अतिरिक्त दालें, मक्का, ज्वार, बाजरा भी प्रमुख स्रोत हैं।

शर्करा के मुख्य स्रोतों में शकरकंद, गन्ना, गुड़, शहद, जैली, सूखे मेवे, मिठाई, चीनी आदि से निर्मित खाद्य पदार्थ, आलू, अंगूर, चुकंदर, दूध, अनाज आदि सम्मिलित हैं। शाक-सब्जी, फलों के रेशे, अनाज के छिलके आदि सेलुलोज के प्रमुख स्रोत हैं।

कार्बोहाइड्रेट की आवश्यक मात्रा

विशेषज्ञों का मत है कि एक व्यक्ति अपनी दैनिक कैलोरी आवश्यकताओं का 45 से 65 प्रतिशत अंश कार्बोहाइड्रेट से प्राप्त करता है, अतः यदि एक व्यक्ति को एक दिन में 2100 कैलोरी की आवश्यकता है तो उसे 950 से 1365 कैलोरी कार्बोहाइड्रेट से प्राप्त करनी होगी।

कार्बोहाइड्रेट की कमी अथवा अधिकता

कार्बोहाइड्रेट की कमी से शरीर पर अनेक नकारात्मक प्रभाव पड़ते हैं। कार्बोहाइड्रेट की कमी से शरीर में फाइबर की कमी हो जाती है, जिससे पाचन संबंधी समस्याओं का सामना करना पड़ता है, जैसे कब्ज आदि। इसकी कमी से दूसरी समस्या वजन में कमी आना है, क्योंकि कार्बोहाइड्रेट ऊर्जा का सर्वप्रमुख स्रोत है तथा इसकी कमी होने पर शरीर मांसपेशियों आदि से ऊर्जा की आपूर्ति प्रारंभ कर देता है, जिससे शरीर का वजन कम होने लगता है।

ऊर्जा की कमी में थकान, कमजोरी और चक्कर जैसी समस्याओं का सामना करना पड़ता है। इसकी कमी से मस्तिष्क में 'सेरोटोनिन' नामक हॉर्मोन की आपूर्ति कम हो जाती है, जिससे अवसाद (डिप्रेशन) की समस्या उत्पन्न हो जाती है। कार्बोहाइड्रेट की कमी से 'केटोन' नामक अम्ल का उत्सर्जन होने लगता है, जिसके कारण व्यक्ति को सिरदर्द, जी मिचलाना तथा साँस की बदबू की समस्या उत्पन्न हो जाती है।

मानव शरीर में कार्बोहाइड्रेट की कमी हो जाने पर ग्लूकोज की पर्याप्त मात्रा प्राप्त नहीं हो पाती है, जिससे रक्त में शर्करा की मात्रा कम हो जाती है। इससे शरीर में तनाव, भ्रम, थकान, चक्कर आना जैसी स्थितियों के उत्पन्न होने से हाइपोग्लाइसीमिया की स्थिति उत्पन्न हो सकती है। कार्बोहाइड्रेट की अधिकता से रक्त में शर्करा की मात्रा अधिक हो जाती है, जिससे ग्लूकोज के अतिरिक्त वसा

और प्रोटींस का उपापचय भी प्रभावित होता है। इसे 'मधुमेह' या 'डायबिटीज' कहते हैं। मधुमेह की स्थिति में वजन में असामान्य कमी, अधिक भूख, प्यास तथा मूत्र लगना, थकान, पिंडलियों में दर्द, घाव का देर से ठीक होना, नपुंसकता जैसी समस्याएँ उत्पन्न हो जाती हैं।

(ख) वसा

वसा शरीर के लिए अत्यंत महत्त्वपूर्ण अवयव है। शरीर को प्राप्त होनेवाली ऊर्जा का एक महत्त्वपूर्ण अंश वसा से प्राप्त होता है। सामान्यतः वसा की एक ग्राम मात्रा से नौ कैलोरी ऊर्जा प्राप्त होती है। सामान्य बोलचाल की भाषा में वसा को तेल कहते हैं, किंतु घी, मक्खन, वनस्पति तेल आदि भी वसा के स्रोत हैं।

रासायनिक रूप से वसा कार्बन, हाइड्रोजन एवं ऑक्सीजन का मिश्रण है। यह जल में अघुलनशील तथा ईथर, पेट्रोलियम, क्लोरोफॉर्म आदि में घुलनशील है। यह कार्बोहाइड्रेट से भिन्न होता है, क्योंकि कार्बोहाइड्रेट की तुलना में इसमें ऑक्सीजन का अनुपात कम होता है।

वसा के महत्त्व तथा संकल्पना को समझने हेतु लिपिड, वसीय अम्ल, संतृप्त वसा तथा असंतृप्त वसा के विषय में जानकारी आवश्यक है। लिपिड ऐसे पदार्थ हैं, जो पानी में घुलनशील नहीं होते हैं, किंतु अल्कोहल तथा क्लोरोफॉर्म में घुलनशील होते हैं। कोलेस्ट्रॉल तथा ट्राइग्लिसराइड लिपिड के प्रमुख प्रकार हैं। वसीय अम्ल शरीर के लिए आवश्यक अम्ल है, किंतु यह शरीर में निर्मित होता है। यह संतृप्त तथा असंतृप्त अवस्था में पाया जाता है। शरीर के लिए आवश्यक वसीय अम्ल दो हैं—

- अल्फा-लाइनोलेनिक अम्ल
- लाइनोलिम अम्ल।

मनुष्य के शरीर में 'लाइपेज' नामक एंजाइम वसा तथा लिपिड के विघटन में सहायक होता है। वसा के विघटन से ही शरीर को ऊर्जा प्राप्त होती है।

सामान्य रूप से भोजन में वसा संतृप्त तथा असंतृप्त दोनों अवस्थाओं में प्राप्त होती है। रासायनिक दृष्टि से संतृप्त वसा किसी भी प्रकार की अभिक्रिया हेतु बहुत सहयोग नहीं करती है, जबकि असंतृप्त वसाओं की प्रकृति इससे भिन्न होती है। यही कारण है कि डॉक्टर संतृप्त वसा की कम मात्रा लेने की सलाह देते

हैं, अत: व्यक्ति को यह जानना आवश्यक है कि संतृप्त वसाओं के स्रोत क्या हैं तथा उन्हें अपने भोजन में कैसे तथा कितनी मात्रा में सम्मिलित करें।

संतृप्त वसा के मुख्य स्रोत हैं—मांस, मक्खन, घी, चर्बी, पनीर, क्रीम, आइसक्रीम, पॉपकोर्न, चॉकलेट, बिस्कुट, केक, पेस्ट्री, नारियल तेल, क्रीम, ताड़ का तेल आदि। संतृप्त वसा की अल्प मात्रा ही व्यक्ति को स्वस्थ रखती है, क्योंकि इसे अधिक मात्रा में लेने पर रक्त में बुरे कोलेस्ट्रॉल की मात्रा में वृद्धि हो जाती है, जिससे हृदय संबंधी रोग तथा हृदयाघात जैसी स्थिति भी उत्पन्न हो सकती है।

कोलेस्ट्रॉल एक वसीय तत्त्व है, जो शरीर में यकृत में मुख्य रूप से निर्मित होता है। यह रक्त में दो प्रकार का होता है—

- कम घनत्ववाला लिपोप्रोटीन (Low density lipoprotein - LDL)
- अधिक घनत्ववाला लिपोप्रोटीन (High density lipoprotein - HDL)।

कम घनत्ववाला लिपोप्रोटीन शरीर के लिए हानिकारक है, जबकि अधिक घनत्ववाला लिपोप्रोटीन कोलेस्ट्रॉल शरीर के लिए लाभदायक होता है, क्योंकि यह शरीर के विभिन्न अंगों से कोलेस्ट्रॉल को लेकर यकृत में ले जाता है, जहाँ इसका विघटन किया जा सके तथा शरीर स्वस्थ रह सके, इसलिए इसे अच्छा कोलेस्ट्रॉल कहा जाता है। वसा की अधिक मात्रा लेने से रक्त में कोलेस्ट्रॉल की मात्रा अधिक हो जाती है। यह कोलेस्ट्रॉल रक्त की धमनियों को सँकरा कर देता है और व्यक्ति हृदय संबंधी रोग से पीड़ित हो सकता है या अथवा हृदयाघात की आशंका बढ़ जाती है।

असंतृप्त वसा के स्रोत हैं—वनस्पतियों से प्राप्त तेल, जैसे मूँगफली, सूरजमुखी, रेपसीड, लौंग, अखरोट और मक्का के तेल। ये कमरे के तापमान पर द्रव होते हैं और शरीर के लिए लाभदायक होते हैं, क्योंकि ये रक्त में अच्छे कोलेस्ट्रॉल को बढ़ाते हैं।

एक मनुष्य के वसा उपभोग की दैनिक मात्रा उसकी आयु, वजन तथा कार्य की प्रकृति पर निर्भर करती है।

(अनुशंसित आहार भत्ता चार्ट देखें)

(ग) प्रोटीन

कार्बन, हाइड्रोजन, ऑक्सीजन तथा नाइट्रोजन के मिश्रण को प्रोटीन कहा जाता है। प्रोटीन में उपर्युक्त चार रासायनिक तत्त्वों के अतिरिक्त लोहा, आयोडीन, फास्फोरस तथा सल्फर आदि भी उपस्थित रहते हैं। शरीर को सुचारु रूप से चलाने हेतु बाईस प्रकार के अमीनो अम्लों की आवश्यकता होती है। इनमें से आठ अमीनो अम्लों (ल्यूसिन, आइसोल्यूसिन, लाइसिन, ट्रिप्टोफेन, थियोनिन, वेलीन, मेथोनिन तथा फिनीलेनाइन) का निर्माण शरीर स्वयं नहीं करता है, अत: इनकी आपूर्ति शरीर के लिए बाहर से किया जाना आवश्यक है, क्योंकि ये शरीर में प्रोटीन की संश्लेषण क्रिया तथा नाइट्रोजन की आवश्यक मात्रा बनाए रखने के लिए आवश्यक हैं।

प्रोटीन शारीरिक विकास एवं वृद्धि हेतु अत्यधिक आवश्यक हैं। प्रोटीन की उपयोगित। उसमें विद्यमान अमीनो अम्ल की प्रकृति, मात्रा तथा उपयोगिता पर निर्भर करती है। अमीनो अम्ल शरीर की क्षतिपूर्ति के लिए महत्त्वपूर्ण है। शरीर में तंतुओं के निर्माण में भी प्रोटीन की मुख्य भूमिका है। शरीर की रोग प्रतिरोधक क्षमता में वृद्धि, हीमोग्लोबिन, हॉर्मोन आदि के निर्माण में भी प्रोटीन की आवश्यकता पड़ती है। शरीर के अनेक अंग, जैसे बाल और नाखून आदि का निर्माण भी प्रोटीन से होता है। हड्डियों में एक 'कोलेजन' नाम का प्रोटीन होता है, जो हमारी अस्थियों को दृढ़ता प्रदान करता है। चोट लगने, जलने तथा शल्य चिकित्सा होने पर शरीर को अधिक मात्रा में प्रोटीन की आवश्यकता होती है। प्रोटीन की कमी से ऊर्जा की कमी, सिरदर्द, स्लीपिंग डिसऑर्डर, वजन कम होना, नाखून तथा बालों का झड़ना आदि समस्याएँ उत्पन्न हो जाती हैं। प्रोटीन की अधिक मात्रा लेने से बार-बार मूत्र आना, वजन में वृद्धि, कब्ज तथा दस्त, चिंता एवं तनाव जैसी समस्याएँ उत्पन्न हो जाती हैं।

अत: आवश्यक यह है कि व्यक्ति अपने आहार में एक संतुलित मात्रा में प्रोटीन को सम्मिलित करे। प्रत्येक व्यक्ति की आयु तथा भार के अनुसार प्रोटीन की आवश्यकता निर्धारित की जाती है। व्यक्ति की प्रतिदिन कैलोरी की आवश्यक मात्रा में 20 से 35 प्रतिशत तक प्रोटीन का होना स्वास्थ्य के लिए आवश्यक है।

तालिका : 4

मानव शरीर को प्रोटीन की आवश्यक मात्रा

समूह	वर्ग विशेष	भार (किग्रा.)	ऊर्जा की मात्रा (किलो कैलोरी/ प्रतिदिन	प्रोटीन की मात्रा (ग्राम/ प्रतिदिन)
पुरुष	गतिहीन कार्य	60	2425	60
	सामान्य कार्य		2875	
	भारी कार्य		3800	
स्त्री	गतिहीन कार्य	50	1875	50
	सामान्य कार्य		2225	
	भारी कार्य		2925	
	गर्भवती स्त्री	50	+300	+15
	स्तनपान करानेवाली स्त्री			
	0–6 माह	+550	+25	
	6–12 माह	+400	+18	
नवजात शिशु	0–6 माह	5.4	108/किग्रा.	2.05/किग्रा.
	6–12 माह	8.6	98/किग्रा.	1.65/किग्रा.
शिशु	1–3 वर्ष	12.2	1240	22
	4–6 वर्ष	19.0	1690	30
	7–9 वर्ष	26.9	1950	41
बालक	10–12 वर्ष	35.4	2190	54
	13–15 वर्ष	47.8	2450	70
	16–18 वर्ष	57.1	2640	78

बालिका	10–12 वर्ष 13–15 वर्ष 16–18 वर्ष	31.5 46.7 49.9	1970 2060 2060	57 65 63

तालिका : 5

दैनिक भोज्य पदार्थों में प्रोटीन की मात्रा (प्रति 100 ग्राम में)

वर्ग	भोज्य पदार्थ	प्रोटीन की मात्रा
अनाज	गेहूँ, ज्वार, बाजरा, मक्का, चावल	6 से 13
दाल	अरहर, चना, मूँग, उड़द, मसूर आदि	31 से 28
फली	सेम आदि	17 से 25
तिलहन	नारियल, मूँगफली	16 से 32 27
सोयाबीन	सोयाबीन	40
सब्जी	सेम, मटर कंद–मूल अन्य	7 से 8 1 से 3 1 से 2
फल	ताजा फल सूखे मेवे	1 से 2 2 से 3.5
मांसाहार	मछली अन्य मांस अंडा	15 से 23 18 से 26 13.3
दूध	गाय का दूध	3.2 से 4.3

(घ) खनिज तत्त्व

मानव शरीर में चौबीस खनिज तत्त्व होते हैं। ये खनिज शरीर के विकास तथा संरक्षण हेतु अत्यंत आवश्यक होते हैं। कैल्सियम, आयरन, सोडियम, पोटैशियम, आयोडीन, फास्फोरस, मैग्नीशियम, कॉपर आदि प्रमुख खनिज हैं। इनमें से शरीर के लिए उपयोगिता की दृष्टि से कुछ तत्त्वों का विवरण निम्नवत् है—

कैल्सियम : खनिज तत्त्वों में शरीर में सर्वाधिक मात्रा में कैल्सियम ही प्राप्त होता है। वयस्क व्यक्ति के शरीर में उसके वजन का 1.5 से 2.5 प्रतिशत भाग कैल्सियम से ही निर्मित होता है। अस्थियों में 99 प्रतिशत अंश कैल्सियम का ही होता है तथा शेष कैल्सियम रक्त एवं अन्य तरल पदार्थ के रूप में शरीर में उपस्थित रहता है।

कैल्सियम की सर्वाधिक महत्त्वपूर्ण भूमिका अस्थियों तथा दाँतों के निर्माण एवं उनके रखरखाव में होती है। यह स्नायुतंत्र, हृदय गति आदि के संचालन में भी उपयोगी है। यह मांसपेशियों को शक्ति प्रदान करता है। यह रक्त का थक्का जमाने में भी सहायक है। भ्रूण के विकास तथा शिशु के शारीरिक विकास के लिए भी कैल्सियम सर्वाधिक महत्त्वपूर्ण है। गर्भवती तथा स्तनपान करानेवाली स्त्रियों हेतु भोजन में कैल्सियम का होना अनिवार्य है। यद्यपि मात्र कैल्सियम की कमी से शरीर में कोई बड़ा रोग नहीं होता है, किंतु अस्थियों की कमजोरी के कारण व्यक्ति को अनेक समस्याओं का सामना करना पड़ता है।

कैल्सियम के प्रमुख स्रोत दूध तथा दुग्ध उत्पाद, हरी पत्तेदार सब्जियाँ, सीताफल, सूखे मेवे, खजूर, अनाज तथा पान के पत्ते आदि हैं। विभिन्न खाद्य पदार्थों में कैल्सियम की मात्रा निम्नवत् है—

तालिका–6

क्र. सं.	खाद्य पदार्थ	मात्रा (ग्राम में)	कैल्सियम (मिलीग्राम में)
1.	दूध	500	0.56
2.	दुग्ध उत्पाद : पनीर, खोया या मावा	35 500	0.27 0.56
3.	हरी पत्तेदार सब्जियाँ फूलगोभी पत्तागोभी पालक शलजम सरसों के पत्ते चुकंदर की पत्तियाँ	 125 125 125 125 125 125	 0.14 0.12 0.08 0.35 0.25 0.09
4.	फल : अंजीर	50	0.08
5.	दालें	100	60–150
6.	अनाज : रागी अन्य	100 100	34 10–50
7.	मांसाहार : मछली हड्डी सहित मछली बिना हड्डी अन्य मांस	100 100 100	100–400 1000 10–30

मनुष्य के दैनिक आहार में कैल्सियम की मात्रा, आयु, अवस्था तथा वजन के आधार पर निर्धारित की जाती है। कैल्सियम की औसत मात्रा इस प्रकार है—

4 से 8 वर्ष	500 मिलीग्राम
9 से 18 वर्ष	1250 मिलीग्राम
18 वर्ष से अधिक	700 मिलीग्राम

(विस्तृत जानकारी हेतु अनुशंसित आहार भत्ता तालिका देखें)

कैल्सियम की कमी सूखा रोग (रिकेट्स) का मुख्य कारण है। इस रोग में अस्थियाँ बहुत ही कमजोर तथा लचीली हो जाती हैं। इस अवस्था में हाथ-पैर आसानी से कहीं से भी मुड़ने लगते हैं। एक अन्य रोग ऑस्टियोपोरोसिस का संबंध भी हड्डियों से है। इस रोग से ग्रस्त व्यक्ति में हड्डियों का क्षय तेजी से होता है। इसका प्रारंभ पीठ दर्द, कमर दर्द, गरदन दर्द आदि से होता है और अंततः हड्डियाँ कमजोर होकर टूटने लगती हैं। इसके अतिरिक्त कैल्सियम की कमी मोतियाबिंद तथा स्त्रियों में मीनोपॉज आदि समस्याओं में महत्त्वपूर्ण है।

आयरन

आयरन की सर्वाधिक महत्त्वपूर्ण उपयोगिता मानव रक्त के लिए होती है। मानव शरीर में पाए जानेवाले लौहतत्त्व का 75 प्रतिशत भाग रक्त में ही विद्यमान होता है। यह हीमोग्लोबिन के निर्माण में प्रमुख भूमिका निभाता है। हीमोग्लोबिन की भूमिका ऑक्सीजन को शरीर के विभिन्न अंगों तक पहुँचाने में रहती है, इसकी कमी से शरीर की प्रतिरक्षण शक्ति कमजोर होती है।

खाद्य पदार्थों में आयरन की पर्याप्त मात्रा विद्यमान होती है, अतः प्रत्येक व्यक्ति को आहार लेते समय आयरन की निर्धारित मात्रा का ध्यान अवश्य रखना चाहिए। यह मात्रा व्यक्ति की आयु, लिंग तथा भोजन की प्रकृति आदि पर निर्भर करती है। भोजन की प्रकृति आयरन में महत्त्वपूर्ण होती है, क्योंकि शाकाहारी एवं मांसाहारी भोजन से आयरन की भिन्न-भिन्न मात्रा प्राप्त होती है, यद्यपि आयरन की एक औसत मात्रा निर्धारित है, किंतु आवश्यकता पड़ने पर चिकित्सक का परामर्श भी आवश्यक है।

(अनुशंसित आहार भत्ता तालिका देखें)

आयरन की निर्धारित मात्रा हेतु निम्नांकित खाद्य पदार्थ भोजन में सम्मिलित

किए जाने आवश्यक हैं। नवजात शिशुओं के लिए आयरन का स्रोत माँ का दूध होता है। तरबूज, सेब, अंगूर, अनार, बादाम, किशमिश, खजूर आदि फलों तथा सूखे मेवों में, हरी पत्तेदार सब्जियों, मसूर की दाल, शलजम, चुकंदर, चना, राजमा, शकरकंद, मेथी, पालक, हरी बींस, मटर आदि सब्जियों से प्रचुर मात्रा में आयरन की पूर्ति होती है। भारतीय खान-पान में मसालों का विशेष स्थान है। हल्दी पाउडर, जीरा बीज, सफेद तिल, अमरैंथ बीज, इमली, चना आदि में आयरन की पर्याप्त मात्रा होती है। मछली, मांस, यकृत, अंडे में भी प्रचुर मात्रा में आयरन होता है।

मनुष्य के शरीर में आयरन की कमी से होनेवाले रोगों में एनीमिया सर्वप्रमुख है। इससे शरीर में हीमोग्लोबिन का स्तर कम हो जाता है, जिससे मनुष्य को अनेक समस्याओं का सामना करना पड़ता है। थकान, आलस्य, साँस में तकलीफ, सिरदर्द, जीभ पर घाव, खुजली, बाल गिरना, निगलने में कठिनाई (डिस्फागिया) आदि एनीमिया के लक्षण हैं। एनीमिया के अनेक कारणों में आयरन की कमी एक है। इसके अतिरिक्त व्यक्ति में रक्त की कमी, आयरन अवशोषित करने में असमर्थता, गर्भावस्था आदि अन्य कारण हैं।

सामान्य मनुष्य में हीमोग्लोबिन का मानक स्तर इस प्रकार है*—

महिला	12.1–15.1 ग्राम/डेसीलिटर
पुरुष	13.8–17.2 ग्राम/डेसीलिटर
बच्चे	11.0–16.0 ग्राम/डेसीलिटर
गर्भवती महिला	11.0–15.1 ग्राम/डेसीलिटर

** नेशनल हेल्थ पोर्टल के सौजन्य से*

फास्फोरस

मानव शरीर के समस्त ऊतकों, कोशिकाओं के नाभिक तथा साइटोप्लाज्म आदि के निर्माण का प्रमुख तत्त्व फास्फोरस है। मानव शरीर में 85 प्रतिशत फास्फोरस हड्डियों तथा दाँतों में पाया जाता है। यह कैल्सियम के बाद शरीर में दूसरा सबसे अधिक मात्रा में पाया जानेवाला खनिज है।

मानव शरीर में फास्फोरस अनेक महत्त्वपूर्ण कार्य करता है, जैसे—हड्डियों को सशक्त करना, ऊर्जा निर्माण तथा मांसपेशियों तक स्थानांतरण करने में सहायता, ऊतक एवं कोशिकाओं में वृद्धि, आनुवंशिक विशेषता, डी.एन.ए. तथा आर.एन.ए. आदि के निर्माण में भूमिका, शरीर से अवशिष्ट को बाहर करना, खनिज एवं कुछ विटामिनों, यथा विटामिन 'बी', विटामिन 'सी' आदि के संतुलन तथा उपयोग, मांसपेशियों का संकुचन, हृदय की गति में नियंत्रण, तंत्रिका का नियमन, वसा तथा कार्बोहाइड्रेट के उपापचय आदि।

एक स्वस्थ व्यक्ति हेतु फास्फोरस की प्रतिदिन मात्रा निम्नवत् है—

- 0–6 माह 100 मिलीग्राम
- 7–12 माह 275 मिलीग्राम
- 1–3 वर्ष 460 मिलीग्राम

सामान्य व्यक्ति के लिए प्रतिदिन 800–1200 मिलीग्राम फास्फोरस का उपभोग करना पर्याप्त होता है।

यह औसत मात्रा है, किंतु गर्भवती तथा स्तनपान करानेवाली स्त्री, किशोरावस्था के बालक-बालिकाओं को अतिरिक्त फास्फोरस की आवश्यकता होती है। खाद्य पदार्थों में फास्फोरस के महत्त्वपूर्ण स्रोत सोयाबीन, आलू, दूध, पनीर, हरी मटर, अलसी के बीज, ओट्स, राजमा, ब्राउन चावल, राई, तिल, बादाम, मछली, विशेष रूप से शलजम, लहसुन, ब्रोकली तथा दुग्ध उत्पाद आदि हैं, किंतु फास्फोरस की अधिक मात्रा शरीर के लिए नुकसानदायक भी होती है। फास्फोरस का स्तर अत्यधिक उच्च हो जाने पर हाइपरफॉस्फेटिमिया की स्थिति उत्पन्न हो जाती है। लाल चकत्ते, खुजली, मांसपेशियों में ऐंठन, सुन्नता, झुनझुनापन, हड्डी तथा जोड़ों में दर्द आदि इसके लक्षण हैं। इसके अतिरिक्त दस्त, सिरदर्द, चक्कर आना तथा उल्टी भी हो सकती है। अधिक फास्फोरस से गुरदे की पथरी की समस्या भी हो सकती है।

आयोडीन

आयोडीन की बहुत कम मात्रा ही शरीर के लिए पर्याप्त होती है। यह थायरोक्सिन हॉर्मोन का मुख्य तत्त्व है तथा थायराइड के स्राव में महत्त्वपूर्ण

भूमिका रखता है। थायरोक्सिन शरीर की उपापचय क्रियाओं को नियंत्रित करता है। सामान्य रूप से एक व्यक्ति को 50 से 100 मिलीग्राम प्रतिदिन आयोडीन की आवश्यकता होती है। गर्भवती स्त्री तथा किशोरावस्था के बालक-बालिकाओं को इसकी अतिरिक्त मात्रा की आवश्यकता होती है।

आयोडीन का सबसे अच्छा स्रोत नमक होता है। इसके अतिरिक्त आलू, दूध, मुनक्का, दही, ब्राउन राइस, सी फूड, लहसुन आदि से भी आयोडीन की पूर्ति संभव होती है। आयोडीन हरी पत्तेदार सब्जियों से भी प्राप्त होता है, किंतु इन सब्जियों का आयोडीनयुक्त भूमि में उपजना आवश्यक है।

आयोडीन की कमी से घेंघा रोग हो जाता है, जिसे 'गलगंड' (Goiter) भी कहा जाता है। इसमें गल ग्रंथि में सूजन आ जाती है। इससे मस्तिष्क तथा शारीरिक कार्यों में शिथिलता आ जाती है। यदि गर्भावस्था में आयोडीन की कमी हो जाए तो शिशु बौनेपन का शिकार हो जाता है।

(ङ) विटामिन्स

मानव शरीर के लिए विटामिन्स अत्यंत आवश्यक हैं। विटामिन मुख्य रूप से छह प्रकार के होते हैं। ये विटामिन 'ए', विटामिन 'बी', विटामिन 'सी', विटामिन 'डी', विटामिन 'ई' तथा विटामिन 'के' हैं। विटामिन 'बी' के अंतर्गत थायमिन (बी1), रिबोफ्लेविन (बी2), नियासिन (बी3), पेंटोथेनिक अम्ल (बी5), पायरीडॉक्सिन (बी6), बायोटिन (बी7), फोलिक अम्ल (बी9), कोबालामिन (बी12) सम्मिलित हैं। शरीर की प्रतिरक्षा शक्ति तथा संक्रमण प्रतिरोध करने की शक्ति में विटामिनों की प्रमुख भूमिका होती है, अतः विटामिनों के विषय में जानकारी आवश्यक है—

विटामिन 'ए'

विटामिन 'ए' को रेटिनोल भी कहा जाता है। विटामिन 'ए' वसा में घुलनशील होता है। विटामिन 'ए' मानव शरीर तथा स्वास्थ्य के लिए अत्यंत आवश्यक है। शारीरिक वृद्धि एवं विकास, विशेष रूप से नेत्रों के विकास, में इसकी सर्वाधिक महत्त्वपूर्ण उपयोगिता है। रोग प्रतिरक्षण शक्ति के कारण

इसकी सर्वाधिक उपयोगिता है। यह मनुष्य के शरीर के यकृत में संचित होता है।

विटामिन 'ए' के प्रमुख स्रोतों में गाजर, चुकंदर, शलजम, टमाटर, मटर, शकरकंद, ब्रोकली, हरी पत्तेदार सब्जियाँ, धनिया, आम, तरबूज, पपीता, पनीर, सरसों, राजमा, अंडा, मछली, अनाज आदि हैं। विटामिन 'ए' की निर्धारित मात्रा प्रतिदिन के अनुसार आयु तथा लिंग पर निर्भर करती है। *(निर्धारित मात्रा हेतु अनुशंसित आहार भत्ता तालिका-2 (विटामिन) देखें)*

विटामिन 'ए' की कमी का सर्वाधिक प्रभाव नेत्रों पर पड़ता है। इसकी कमी से व्यक्ति को 'रतौंधी' नामक रोग हो जाता है, जिससे व्यक्ति रात में भलीभाँति देखने में सक्षम नहीं होता है। इसकी कमी से आँखों की श्लेष्मिक कला में संकुचन एवं सूजन आ जाती है। यह नेत्र कर्णिका (कॉर्निया) को भी प्रभावित करता है। इसकी कमी से त्वचा शुष्क एवं खुरदरी हो जाती है। इसकी कमी से दाँतों का एनामल भी नष्ट हो जाता है। विटामिन 'ए' की अधिक मात्रा भी शरीर पर नकारात्मक प्रभाव डालती है।

विटामिन-बी1 या थायमिन

विटामिन-बी1 जल में घुलनशील होता है। यह पाचन क्रिया में सहायक होता है। यह श्वेत रक्त कणों की रोगनाशक क्षमता में वृद्धि करता है। यह तंत्रिका तंत्र को संचालन में सहायता करता है। यह कार्बोहाइड्रेट्स के पूर्ण अवशोषण में सहायक होता है।

गेहूँ, चावल, चना, दालें, जौ, मूँगफली, हरी मटर, मेवा, खमीर, पिसा अनाज, दूध, फल, मांस, मछली तथा अंडा आदि इसके प्रमुख स्रोत हैं। साबुत गेहूँ तथा कुटा हुआ चावल थायमीन के प्रमुख स्रोत हैं। *(थायमिन की दैनिक आवश्यकता की निर्धारित मात्रा हेतु अनुशंसित आहार भत्ता चार्ट विटामिन देखें।)*

इसकी कमी से व्यक्ति को भूख कम लगती है। उसे अपच, वमन, कब्ज, अतिसार आदि समस्याओं का सामना करना पड़ता है। व्यक्ति को शारीरिक दर्द, स्मरण शक्ति का क्षीण होना, स्नायु तंत्र का दुर्बल होना, नाड़ियों की

संवेदनशीलता नष्ट होना, हृदय गति में वृद्धि होना, आँखों के सामने अँधेरा छा जाना आदि समस्याएँ होने लगती हैं, स्पष्ट है कि विटामिन 'बी1' की कमी से मनुष्य के जीवन को संकट हो सकता है।

विटामिन 'बी2' या रिबोफ्लेविन

यह शरीर में एंटी-ऑक्सीडेंट की भाँति कार्य करता है। यह शरीर के लिए अत्यंत आवश्यक है। इसके प्रमुख स्त्रोतों में दूध, दुग्ध उत्पाद, अंडा, मछली, मांस, चिकन, लाल मिर्च, किशमिश, मटर, मशरूम, शकरकंद, ब्रोकली, पालक, सूखे मेवे, दालें, पपीता, अनार, सीताफल, शहतूत, अनन्नास आदि सम्मिलित हैं। *(इसकी निर्धारित मात्रा हेतु अनुशंसित आहार भत्ता चार्ट विटामिन देखें।)*

विटामिन 'बी2' की कमी से होंठ तथा मुँह की श्लेष्मिक कला पर मुख्य प्रभाव पड़ता है। इसकी कमी से जीभ लाल रंग की कोमल तथा वृत्ताकार हो जाती है तथा उसमें पीड़ा होने लगती है। इस अवस्था को 'ग्लोसाइटिस' कहा जाता है। इसमें अंततः जीभ में अल्सर हो जाते हैं। इसकी कमी से नेत्र विकार उत्पन्न हो जाते हैं एवं पाचनशक्ति तथा शारीरिक वृद्धि अवरुद्ध हो जाती है।

विटामिन 'बी3' अथवा नियासिन

यह शरीर में को-एंजाइम के साथ संयुक्त होकर ऑक्सीकरण का कार्य करता है। यह जल में घुलनशील है। इस पर अम्ल क्षार, ताप, प्रकाश तथा वायु का प्रभाव नहीं पड़ता है। मक्का तथा जौ विटामिन 'बी3' के सबसे प्रमुख स्त्रोत हैं। गेहूँ, मेवे, सेब, मटर, हरी सब्जी, मूँगफली, सोयाबीन, सूरजमुखी, मांस, मछली, अंडे भी इसके महत्त्वपूर्ण स्त्रोत हैं।

इसकी कमी से व्यक्ति चिड़चिड़ा होने लगता है तथा झगड़ालू प्रवृत्ति का हो जाता है। यह मानसिक विकार तथा चर्म रोग का भी कारक होता है। इसकी संतुलित मात्रा ऑस्टियोआर्थराइटिस को कम करने में सहायक है, जिससे जोड़ों के दर्द तथा सूजन में राहत मिलती है। यह मांसपेशियों और हड्डियों को सशक्त करता है। यह नपुंसकता तथा हृदयाघात का खतरा भी कम करता है।

विटामिन 'बी5' अथवा पेंटोथेनिक अम्ल

यह जल में घुलनशील होता है। यह लगभग प्रत्येक खाद्य पदार्थ में उपस्थित रहता है। मशरूम, अंडा, सूरजमुखी के बीज, शकरकंद, एवोकाडो, ब्रोकली, आलू, बींस, मटर, दालें, सूखे मेवे, दुग्ध उत्पाद, चिकन, मछली, चीज आदि इसके प्रमुख स्रोत हैं। इसकी निर्धारित मात्रा इस प्रकार है—

तालिका :7

आयु	प्रतिदिन मात्रा
0–6 माह	1.7 मिलीग्राम
7–11 माह	1.8 मिलीग्राम
1–3 वर्ष	2 मिलीग्राम
4–8 वर्ष	3 मिलीग्राम
9–13 वर्ष	4 मिलीग्राम
14 वर्ष से अधिक	5 मिलीग्राम
गर्भवती तथा स्तनपान करानेवाली महिलाएँ	7 मिलीग्राम

विटामिन 'बी6' अथवा पॉयरीडॉक्सिन

यह जल में घुलनशील विटामिन होता है। यह शरीर के लिए अनेक महत्त्वपूर्ण कार्य संपादित करता है, जिनमें एड्रिनल ग्रंथियों के कार्य में सहायता, उपापचय (मेटोबॉलिज्म) तथा तंत्रिका तंत्र की क्रियाओं में महत्त्वपूर्ण, एंटीबॉडीज के निर्माण में भूमिका, रक्त में शर्करा का स्तर बनाए रखना तथा हीमोग्लोबिन के स्तर में वृद्धि करना आदि प्रमुख हैं। विटामिन 'बी6' मस्तिष्क के लिए अत्यंत महत्त्वपूर्ण कार्य करता है। यह मस्तिष्क होमोसिस्टन के स्तर का नियमन कर अल्जाइमर, डिमेंशिया (मनोभ्रंश), हृदय रोग आदि से सुरक्षा प्रदान करता है। यह मस्तिष्क में 'सेरोटोनिन' नामक हॉर्मोन के निर्माण में मदद कर मूड, ऊर्जा तथा एकाग्रता को बनाए रखता है।

अत: प्रत्येक व्यक्ति को विटामिन 'बी6' की एक निश्चित मात्रा की

आवश्यकता होती है। 0-6 वर्ष के लिए 1/2 मिलीग्राम, 7-10 वर्ष के बच्चे को 1 मिलीग्राम, 11-15 वर्ष की आयु के पुरुषों को 1-3 मिलीग्राम, 15 वर्ष से अधिक की आयु के पुरुष को 1.7 मिलीग्राम, 14-18 वर्ष की आयु की स्त्री को 1-2 मिलीग्राम, 19-50 वर्ष की स्त्री को 1.3 मिलीग्राम, 50 वर्ष से अधिक आयु की महिलाओं को 1.5 मिलीग्राम, गर्भवती महिलाओं को 1.9 मिलीग्राम, स्तनपान करानेवाली महिलाओं को सर्वाधिक 2 मिलीग्राम की आवश्यकता होती है।

विटामिन 'बी6' के प्रमुख स्रोतों में दूध, मछली, गाजर, केला, मटर, अंडे, चिकन, पालक, शकरकंद, ब्रोकली, शिमला मिर्च, शलजम, तिल तथा सूरजमुखी के बीज आदि हैं।

विटामिन 'बी7' अथवा बायोटिन

यह शरीर के लिए आवश्यक विटामिन है। यह मेटाबॉलिज्म की प्रक्रिया, रक्त में शर्करा की मात्रा, बालों, नाखूनों तथा त्वचा की देखभाल, मस्तिष्क, हृदय रोग, थायराइड आदि का नियंत्रण करता है।

बादाम, पालक, ब्रोकली, दूध, दही, अंडा, मछली, शकरकंद, केला, मूँगफली, मशरूम, फूलगोभी आदि इसके प्रमुख स्रोत हैं। इसकी प्रति व्यक्ति प्रतिदिन औसत मात्रा आयु के अनुसार निर्धारित होती है। 0-12 माह तक 0.0007 मिलीग्राम, 1-3 वर्ष तक 0.008 मिलीग्राम, 4-8 वर्ष 0.012 मिलीग्राम, 9-13 वर्ष तक 0.020 मिलीग्राम, 14-18 वर्ष तक 0.025 मिलीग्राम, 18 वर्ष से अधिक आयु तक 0.030 मिलीग्राम, गर्भावस्था के दौरान 0.030 मिलीग्राम, स्तनपान करानेवाली महिलाओं को 0.035 मिलीग्राम मात्रा की आवश्यकता होती है।

इसकी अधिक मात्रा लेने से बार-बार प्यास लगना, मूत्र आना, दस्त, तनाव, त्वचा में लालिमा आदि दुष्प्रभाव भी हो सकते हैं।

विटामिन 'बी9' अथवा फोलिक अम्ल

यह जल में घुलनशील विटामिन है। यह वसा कोशिकाओं में संगृहीत नहीं होता है, अतः यह शरीर में एकत्रित नहीं होता है, अतः इसे निरंतर लेना आवश्यक है। इसके प्रमुख स्रोतों में ताजे फल, सब्जियाँ, अनाज आदि प्रमुख हैं। विटामिन

'बी9' भी बहुत अल्प मात्रा में मानव शरीर के लिए आवश्यक है। इसकी कमी से मानसिक विकार, हृदयाघात, एनीमिया, श्वेत रक्त कणिका निर्माण में कमी, कैंसर जैसी समस्याएँ उत्पन्न हो जाती हैं।

विटामिन 'बी12' अथवा कोबायलमिन

मनुष्य के शारीरिक एवं मानसिक विकास के लिए विटामिन 'बी12' अत्यंत महत्त्वपूर्ण है। यह जटिल रासायनिक संरचना का विटामिन है। इसमें कोबाल्ट तथा फास्फोरस की उपस्थिति इसकी जटिलता में वृद्धि कर देती है। सामान्य रूप से एक वयस्क को 1 माइक्रोग्राम विटामिन 'बी12' की प्रतिदिन आवश्यकता होती है। शाकाहारी के लिए दूध, पनीर, सोयाबीन तथा गेहूँ आदि विटामिन 'बी12' के प्रमुख स्रोत हैं। यकृत, गुर्दा तथा मछली मांसाहारी स्रोत हैं।

विटामिन 'बी12' की कमी से पर्नीसियान एनीमिया का खतरा उत्पन्न हो जाता है। इससे शरीर में रक्त की कमी हो जाती है। शारीरिक दुर्बलता, कार्य के प्रति अरुचि आदि इसके लक्षण हैं। पाचन क्रिया का असंयमित होना, जिह्वा-मूल में छाले हो जाना, मानसिक विकास अवरुद्ध हो जाना विटामिन 'बी12' के कारण ही होता है।

विटामिन 'सी'

यह एक एंटीऑक्सीडेंट विटामिन है। यह संयोजी ऊतकों के उपापचय तथा अन्य महत्त्वपूर्ण गतिविधियों में सक्रिय भूमिका निभाता है। इसे एस्कार्बिक एसिड भी कहा जाता है। यह सर्वाधिक प्रयोग होनेवाला प्रतिरक्षा बूस्टर है। यह एंटी इंफ्लेमेंटरी, एंटी कैंसर के कार्य भी करता है। यह शरीर में कोलेजन का भी निर्माण करता है, जो घाव भरने में सहायक है।

खट्टे फल जैसे नीबू, संतरा, अंगूर, पोमेलोस आदि इसके सर्वप्रमुख स्रोत हैं। अमरूद, हरी मिर्च, लाल मिर्च, स्ट्रॉबेरीज, कीवी, पपीता, अनन्नास, टमाटर, आलू, ब्रोकली, पालक, लाल पत्तागोभी आदि इसके अन्य स्रोत हैं। *(विटामिन 'सी' की दैनिक आवश्यकता हेतु अनुशंसित आहार भत्ता तालिका देखें।)*

विटामिन 'सी' स्वस्थ दाँतों के विकास, रक्तवाहिनियों के निर्माण, अस्थियों के

विकास, संक्रमण प्रतिरोधक क्षमता का विकास आदि में प्रमुख भूमिका निभाता है। विटामिन 'सी' की कमी सिरदर्द, आलस्य, कार्य के प्रति अरुचि, शरीर में पीलापन, आँखों के नीचे कालापन आदि के रूप में दिखाई पड़ती है। इसके गंभीर लक्षणों में अस्थियों का कमजोर हो जाना, दाँतों के डेंटीन तथा एनामल नष्ट हो जाना, मसूड़ों में रक्तस्राव होना, रक्त कोशिकाओं का क्षीण हो जाना आदि प्रमुख हैं।

यह विटामिन गरम किए जाने पर नष्ट हो जाता है।

विटामिन 'डी'

विटामिन 'डी' वसा में घुलनशील एक विटामिन है। इसे सनशाइन, अर्थात् सूर्य के प्रकाश का विटामिन भी कहा जाता है। विटामिन 'डी' मानव शरीर में कैल्सियम के स्तर को बनाए रखने में सहायक है, जिससे अस्थियाँ सशक्त होती हैं। यह आँतों से कैल्सियम का अवशोषण करता है। रोगों से लड़ने की क्षमता में वृद्धि करने में इसकी महत्त्वपूर्ण भूमिका है।

सूर्य की रोशनी के अतिरिक्त मशरूम, अंडे का पीला भाग, विटामिन 'डी' युक्त दूध, मांस-मछली, मछली का तेल, दूध और अनाज इसके प्रमुख स्रोत हैं। यद्यपि सूर्य की रोशनी में विटामिन 'डी' का निर्माण होता है, किंतु धूप लेने के पूर्व निम्नांकित बिंदुओं का ध्यान रखना आवश्यक है—

- छोटे बच्चों को सर्दियों में मालिश के पश्चात् एक से दो घंटे की धूप सेंकनी चाहिए।
- बड़ों के लिए प्रतिदिन कम-से-कम तीस मिनट धूप अवश्य लेनी चाहिए।
- धूप लेते समय सनस्क्रीन लोशन का प्रयोग नहीं करना चाहिए।

विटामिन 'डी' की कमी से पैरों की हड्डियाँ और खोपड़ी कमजोर हो जाती है। हड्डियाँ मुड़ने लगती हैं, इसे 'रिकेट्स' कहते हैं। मांसपेशियों की कमजोरी, जोड़ों में दर्द, बड़ों में हड्डियों के पतला तथा कमजोर होने को 'ओस्टोपोरोसिस' कहा जाता है। यह सामान्यत: वृद्धावस्था में होता है। विटामिन 'डी' की कमी से दिल की बीमारियों, बीमारियों के विरुद्ध प्रतिरोधक क्षमता, दाँत के रोग, गुरदे की बीमारी, कैंसर, मानसिक रोग, मधुमेह की संभावनाओं में वृद्धि हो जाती है।

विटामिन 'ई' अथवा टॉकोफिरोल

व्यक्ति में संतानोत्पत्ति की क्षमता हेतु विटामिन 'ई' की आवश्यकता पड़ती है। यह भ्रूण की रक्षा करने का कार्य भी करता है। यह मांसपेशियों की वृद्धि एवं विकास में सहायक है। यह नलिकारहित ग्रंथियों की देखभाल भी करता है। इसकी आवश्यकता आयु, लिंग पर निर्भर करती है। एक व्यक्ति को सामान्य रूप से एक दिन में 3-4 मि. ग्राम विटामिन 'ई' की आवश्यकता होती है। अनाज, मूँगफली, हरी पत्तेदार सब्जियाँ, मटर, टमाटर, प्याज, गाजर, अंकुरित गेहूँ, केला, दूध, दुग्ध उत्पाद, मांस, गुरदे, यकृत आदि की संतुलित मात्रा शरीर में विटामिन 'ई' की कमी नहीं होने देती है।

विटामिन 'ई' की कमी से आंतरिक शारीरिक क्रियाएँ तो प्रभावित होती ही हैं, साथ ही अग्नाशय शोथ, मोलेस्टेसिस, सिस्टिक फाइब्रोसिस आदि रोग भी हो सकते हैं। इससे गतिभंग जैसी तंत्रिका-तंत्र से संबंधित बीमारी भी हो सकती है।

विटामिन 'के'

इसे रक्तस्रावरोधी विटामिन भी कहा जाता है, क्योंकि यह शरीर में प्रोथ्रोम्बिन का निर्माण कर रक्त में थक्का बनाने का कार्य करती है। इसकी कमी होने पर शरीर से निकलनेवाले रक्त को रोकना कठिन होता है। हरी पत्तेदार सब्जियाँ, पत्तागोभी, पालक, चौलाई, कुल्फा, गेहूँ की भूसी, मटर, सोयाबीन, टमाटर, गाजर, आलू, दूध, यकृत आदि इसके प्रमुख स्रोत हैं।

(च) जल

मनुष्य के जीवन के लिए जल सर्वाधिक महत्त्वपूर्ण अवयव है। एक सामान्य मनुष्य के शरीर में उसके भार का लगभग 55 से 60 प्रतिशत अंश जल से ही निर्मित होता है। शिशुओं तथा किशोरों में अपेक्षाकृत जल का प्रतिशत अधिक होता है। जल अनेक अवयवों के साथ घुलनशील होता है। इसी विशेषता के कारण शरीर में होनेवाली अनेक रासायनिक अभिक्रियाओं के लिए जल की उपस्थिति आवश्यक होती है।

शरीर के लिए जल निम्नांकित कारणों से उपयोगी होता है—

1. यह अनेक अवयवों के साथ घुलनशील है, जिससे शरीर में पोषक तत्त्वों का आवागमन सरल हो जाता है।

2. जल की पाचन क्रिया में भी महत्त्वपूर्ण भूमिका है।

3. जल शरीर के तापक्रम का नियमन एवं नियंत्रण करता है।

4. जल शरीर के विभिन्न अंगों के मध्य स्नेहक का कार्य करता है।

5. यह शरीर के अनेक अंगों के लिए आघात सहने का कार्य भी करता है।

सामान्य मनुष्य को प्रतिदिन जल की आवश्यकता उसके शारीरिक कार्य पर मुख्य रूप से निर्भर करती है। सामान्य कार्य करनेवाले व्यक्ति को प्रति कैलोरी एक मिली. जल की आवश्यकता होती है। सामान्य रूप से व्यक्ति की जल की आवश्यकता सीधे जल पीने तथा भोज्य पदार्थों में तरल पदार्थ, दूध, चाय, कॉफी, सूप, शरबत आदि के साथ अनाज, रोटी, मक्खन, केला आदि से भी पूर्ण होती है।

तालिका : 8

प्रमुख भोज्य पदार्थों में जल की प्रतिशत मात्रा

भोज्य पदार्थ	जल प्रतिशत
खरबूजा	93
सलाद	95
सेब	85
अंडा	75
अनाज	8–20
दूध	87
मक्खन	16
केला	76
बिस्किट	27
आटा	80
मैदा	55

(छ) आहार फाइबर/आहार रेशे/रुक्षांश

यह भी एक प्रकार का पोषक तत्त्व है। यह एक प्रकार का कार्बोहाइड्रेट है, किंतु यह पाचन योग्य अणुओं में विभाजित नहीं होता है, अत: मानव शरीर से पूर्ण बाहर आ जाता है। सामान्य रूप से फाइबर दो प्रकार के होते हैं—प्रथम, पेक्टिन, गम, म्युसिलेज घुलनशील होते हैं। द्वितीय, सेल्युलोज, लिग्निन आदि फाइबर जल में अघुलनशील होते हैं। घुलनशील तथा अघुलनशील दोनों प्रकार के फाइबर शरीर के लिए लाभदायक होते हैं। घुलनशील फाइबर रक्त के शर्करा के स्तर को तथा कोलेस्ट्रॉल को कम करने में सहायता करता है। अघुलनशील फाइबर पाचन तंत्र के माध्यम से भोजन को गति प्रदान करता है। व्यक्ति को कब्ज आदि से दूर रखता है तथा पाचन की क्रिया को सुचारु रखता है।

प्रत्येक व्यक्ति को प्रतिदिन एक निर्धारित मात्रा में फाइबर की आवश्यकता होती है, जो इस प्रकार है—

आयु	पुरुष	महिला
50 वर्ष तक	30 ग्राम	25 ग्राम
50 वर्ष से अधिक	30 ग्राम	20 ग्राम

फाइबर अथवा रुक्षांश की निर्धारित मात्रा की प्राप्ति हेतु व्यक्ति को वनस्पति आधारित खाद्य पदार्थों को भोजन में सम्मिलित करना चाहिए। इन पदार्थों में घुलनशील फाइबर, जैसे—बींस, मटर, खट्टे फल, ब्लूबेरी, दाल, दलिया आदि तथा अघुलनशील फाइबर जैसे गेहूँ का आटा तथा चोकर, आलू, टमाटर, खीरा, फूलगोभी आदि सम्मिलित हैं।

शरीर के लिए फाइबर की निम्नांकित उपयोगिता है—

- यह कब्ज, बवासीर तथा बड़ी आँत में होनेवाली डायवर्टीकुलिटिस की समस्या से बचाव करता है।
- यह कोलेस्ट्रॉल को नियंत्रित करने में सहायक होता है।
- यह रक्त में शर्करा की मात्रा को भी नियंत्रित करने में सहायक है।
- यह एलर्जी तथा दमा आदि से भी बचाव करने में सहायता करता है।
- यह कैंसर की कोशिकाओं से बचाव करने में सहायक है।

अभ्यास प्रश्न

1. वृहद् पोषक तत्त्वों में सम्मिलित नहीं है—
(क) प्रोटीन (ख) खनिज
(ग) वसा (घ) कार्बोहाइड्रेट
2. सूक्ष्म पोषक तत्त्वों में सम्मिलित है—
(क) विटामिन (ख) जल
(ग) वसा (घ) इनमें से कोई नहीं
3. अनुशंसित आहार भत्ता है—
(क) दैनिक (ख) साप्ताहिक
(ग) मासिक (घ) वार्षिक
4. यदि रमेश का वजन साठ किलोग्राम है तथा वह कार्यालय में गतिहीन कार्य में संलग्न है तो उसे प्रतिदिन कितनी ऊर्जा की आवश्यकता होगी—
(क) 2875 (ख) 2925
(ग) 2320 (घ) 2100
5. यदि गीता गर्भवती है तथा उनका वजन 55 किलोग्राम है तो उसे प्रतिदिन कितनी ऊर्जा की आवश्यकता होगी—
(क) 2250 (ख) 2925
(ग) 2875 (घ) 3800
6. मानव शरीर में सर्वाधिक पाया जानेवाला खनिज है—
(क) कैल्सियम (ख) आयरन
(ग) आयोडीन (घ) फास्फोरस
7. मानव शरीर के रक्त में हीमोग्लोबिन में पाया जानेवाला खनिज है—
(क) कैल्सियम (ख) आयरन
(ग) आयोडीन (घ) फास्फोरस
8. सामान्य रूप से मनुष्य के शरीर में जल की प्रतिशतता होती है—
(क) 20 प्रतिशत (ख) 40 प्रतिशत
(ग) 60 प्रतिशत (घ) 80 प्रतिशत

9. निम्नलिखित में से भोजन के पोषक तत्त्वों में सम्मिलित नहीं है—
   (क) खनिज (ख) विटामिन
   (ग) आहार रेशे/रुक्षांश (घ) इनमें से कोई नहीं
10. भोजन के विभिन्न पोषक तत्त्वों के संदर्भ में सत्य है/हैं—
   (क) कार्बोहाइड्रेट तथा वसा शरीर को ऊर्जा प्रदान करते हैं।
   (ख) प्रोटीन तथा खनिज शरीर की वृद्धि एवं अनुरक्षण में सहायक हैं।
   (ग) विटामिन शरीर की प्रतिरक्षण शक्ति में वृद्धि करते हैं।
   (घ) उपर्युक्त सभी।
11. वसा के संदर्भ में सत्य नहीं है—
   (क) भोजन में वसा की अधिक मात्रा मोटापे का मूल कारण है।
   (ख) वसा शरीर की ऊर्जा आवश्यकताओं की पूर्ति करती है।
   (ग) वसा शरीर की प्रतिरोधक क्षमता में वृद्धि करती है।
   (घ) उपर्युक्त सभी सत्य हैं।
12. निम्नांकित में से सुमेलित नहीं है—
   (क) कैल्सियम–अस्थिक्षय (ख) आयोडीन–घेंघा
   (ग) आयरन–एनीमिया (घ) फास्फोरस–बौनापन
13. मानव शरीर की वृद्धि पर किसकी कमी से नकारात्मक प्रभाव पड़ता है—
   (क) प्रोटीन (ख) विटामिन
   (ग) वसा (घ) इनमें से कोई नहीं
14. शाकाहारी मनुष्यों की प्रोटीन का सबसे बड़ा स्रोत है—
   (क) सब्जी (ख) दाल
   (ग) दूध (घ) उपर्युक्त सभी
15. मनुष्य के लिए घातक कोलेस्ट्रॉल है—
   (क) कम घनत्ववाला (ख) अधिक घनत्ववाला
   (ग) दोनों (घ) इनमें से कोई नहीं

16. कार्बोहाइड्रेट के कारण होनेवाला रोग है—

(क) मधुमेह (ख) एनीमिया

(ग) क्वाशियोरकोर (घ) मरसेमस

17. निम्नांकित कार्बोहाइड्रेट के मुख्य स्रोत हैं—

(क) आलू (ख) केला

(ग) सेब (घ) उपर्युक्त सभी

18. एक सामान्य मनुष्य को उसकी दैनिक कैलोरी आवश्यकताओं का सर्वाधिक अंश प्राप्त होता है—

(क) प्रोटीन से (ख) विटामिन से

(ग) कार्बोहाइड्रेट से (घ) खनिज से

19. वसा की एक ग्राम मात्रा से प्राप्त होनेवाली ऊर्जा की मात्रा है—

(क) 5 कैलोरी (ख) 9 कैलोरी

(ग) 11 कैलोरी (घ) 3 कैलोरी

20. निम्नांकित में से वसा घुलनशील नहीं है—

(क) ईथर (ख) जल

(ग) पेट्रोलियम (घ) क्लोरोफॉर्म

21. कोलेस्ट्रॉल शरीर के किस अंग में जाता है—

(क) यकृत (ख) हृदय

(ग) मस्तिष्क (घ) इनमें से कोई नहीं

22. संतृप्त वसा का स्रोत है—

(क) चीज (ख) क्रीम

(ग) पॉपकोर्न (घ) उपर्युक्त सभी

23. कोलेस्ट्रॉल की अधिक मात्रा शरीर के किस अंग के लिए घातक है—

(क) मस्तिष्क (ख) हृदय

(ग) फेफड़े (घ) इनमें से कोई नहीं

24. एक गर्भवती स्त्री को प्रतिदिन आवश्यक वसा की मात्रा होती है—

(क) 20 ग्राम (ख) 25 ग्राम

(ग) 30 ग्राम (घ) 60 ग्राम

25. निम्नांकित में से किस/किन अमीनो अम्लों का निर्माण शरीर नहीं करता है—

(क) लाइसिन (ख) ट्रिप्टोकेन

(ग) वेलीन (घ) उपर्युक्त सभी

26. अमीनो अम्लों की आपूर्ति शरीर के लिए आवश्यक है, क्योंकि—

(क) यह शरीर में प्रोटीन की संश्लेषण क्रिया हेतु आवश्यक है।

(ख) यह शरीर में नाइट्रोजन की आवश्यक मात्रा बनाए रखने में सहायक है।

(ग) क तथा ख दोनों कारणों से।

(घ) उपर्युक्त में से कोई कारण नहीं है।

27. प्रोटीन की अधिक मात्रा लेने से आनेवाली समस्याएँ हैं—

(क) बार-बार मूत्रस्राव (ख) कब्ज

(ग) तनाव (घ) उपर्युक्त सभी

28. एक सामान्य स्त्री को प्रतिदिन आवश्यक प्रोटीन की मात्रा है—

(क) 50 ग्राम (ख) 60 ग्राम

(ग) 70 ग्राम (घ) 80 ग्राम

29. निम्नांकित में से प्रोटीन की सर्वाधिक मात्रा होती है—

(क) ताजे फल (ख) सूखे मेवे

(ग) दालें (घ) गेहूँ

30. अस्थियों में सर्वाधिक पाया जानेवाला खनिज है—

(क) आयरन (ख) आयोडीन

(ग) कैल्सियम (घ) कॉपर

31. शरीर के लिए जल की उपयोगिता का कारण है/हैं—

(क) यह पाचन क्रिया में महत्त्वपूर्ण भूमिका निभाता है।

(ख) यह शरीर में स्नेहक का कार्य करता है।

(ग) यह शरीर के तापक्रम का नियमन एवं नियंत्रण करता है।

(घ) उपर्युक्त सभी।

32. मानव शरीर में फाइबर की उपयोगिता है—
(क) यह कोलेस्ट्रॉल को नियंत्रित करता है।
(ख) शर्करा की मात्रा का नियंत्रण करता है।
(ग) यह एलर्जी से भी बचाव करता है।
(घ) उपर्युक्त सभी।

33. निम्नांकित में से 50 वर्ष से अधिक आयु के पुरुष हेतु आवश्यक फाइबर की मात्रा है—
(क) 21 ग्राम (ख) 25 ग्राम
(ग) 30 ग्राम (घ) 38 ग्राम

34. मानव शरीर में संक्रमण रोकने में सहायक विटामिन है—
(क) विटामिन 'ए' (ख) विटामिन 'बी'
(ग) विटामिन 'सी' (घ) विटामिन 'ई'

35. शरीर को प्रतिरक्षा प्रदान करनेवाला विटामिन है—
(क) विटामिन 'ए' (ख) विटामिन 'बी'
(ग) विटामिन 'सी' (घ) विटामिन 'ई'

36. विटामिन 'ए' मानव शरीर के किस अंग में भंडारित होता है—
(क) त्वचा में (ख) वृक्क में
(ग) यकृत में (घ) हृदय में

37. निम्नांकित में विटामिन 'ए' के प्रचुरतम मात्रावाले स्रोत हैं—
(क) आम (ख) गाजर
(ग) शलजम (घ) उपर्युक्त सभी

38. विटामिन 'ए' की कमी से होनेवाला रोग है—
(क) दस्त (ख) रतौंधी
(ग) सूखा रोग (घ) काली खाँसी

39. निम्नांकित में सुमेलित नहीं है—
(क) विटामिन 'ए'—बेरी-बेरी (ख) विटामिन 'सी'—स्कर्वी
(ग) विटामिन 'ई'—नपुंसकता (घ) विटामिन 'डी'—रिकेट्स

40. मानव शरीर का रक्षात्मक पदार्थ कहलाता है—

(क) खनिज (ख) विटामिन

(ग) कार्बोहाइड्रेट (घ) आहार फाइबर

41. रक्त का थक्का जमाने में सहायक विटामिन है—

(क) विटामिन 'के' (ख) विटामिन 'बी'

(ग) विटामिन 'सी' (घ) विटामिन 'डी'

42. विटामिन-इ का मुख्य कार्य है—

(क) प्रोटीन का संश्लेषण

(ख) लिंग ग्रंथियों का संचालन

(ग) वसा का उपापचय

(घ) खनिजों को शरीर से बाहर करना

43. सूर्य के प्रकाश से निर्मित होनेवाला विटामिन है—

(क) विटामिन 'ए' (ख) विटामिन 'बी'

(ग) विटामिन 'सी' (घ) विटामिन 'डी'

44. किस विटामिन की कमी से बच्चों में अंगों की अस्थियाँ मुड़ जाती हैं—

(क) विटामिन 'बी1' (ख) विटामिन 'बी12'

(ग) विटामिन 'डी' (घ) विटामिन 'ई'

45. निम्नांकित में विटामिन 'सी' का सबसे अच्छा स्रोत है—

(क) दूध (ख) मांस

(ग) आँवला (घ) आम

46. वयस्क स्त्री एवं पुरुषों के लिए प्रतिदिन विटामिन 'सी' की कितनी मात्रा की आवश्यकता होती है—

(क) 30 मिलीग्राम (ख) 40 मिलीग्राम

(ग) 50 मिलीग्राम (घ) 60 मिलीग्राम

47. शिशु को प्रतिदिन दी जानेवाली विटामिन 'बी12' की मात्रा है—

(क) 01 माइक्रोग्राम (ख) 02 माइक्रोग्राम

(ग) 03 माइक्रोग्राम (घ) 04 माइक्रोग्राम

48. निम्नांकित में सुमेलित नहीं है—
(क) विटामिन 'बी1'—थाममिन
(ख) विटामिन 'सी2'—रिबोफ्लोविन
(ग) विटामिन 'सी6'—पाइरीडोक्सिन
(घ) विटामिन 'ए'—इनासिटोल

49. निम्नांकित में से थायमीन की कमी का लक्षण है—
(क) भूख कम लगना (ख) स्मरणशक्ति कम होना
(ग) आँखों के सामने अँधेरा छाना (घ) उपर्युक्त सभी

50. निम्नांकित में से कौन सा विटामिन गरम करने पर नष्ट हो जाता है—
(क) विटामिन 'ए' (ख) विटामिन 'बी'
(ग) विटामिन 'सी' (घ) विटामिन 'डी'

उत्तरमाला

1. (ख), 2. (क), 3. (क), 4. (ग), 5. (क), 6. (क), 7. (ख), 8. (ग), 9. (घ), 10. (घ), 11. (ग), 12. (घ), 13. (क), 14. (ख), 15. (क), 16. (क), 17. (घ), 18. (ग), 19. (ख), 20. (ख), 21. (क), 22. (घ), 23. (ख), 24. (ग), 25. (घ), 26. (ग), 27. (घ), 28. (क), 29. (ग), 30. (ग), 31. (घ), 32. (घ), 33. (ग), 34. (क), 35. (क), 36. (ग), 37. (घ), 38. (ख), 39. (क), 40. (ख), 41. (क), 42. (ख), 43. (घ), 44. (ग), 45. (ख), 46. (ग), 47. (क), 48. (घ), 49. (घ), 50. (ग)।

□

इकाई-3

प्रथम 1000 दिन का पोषण

अवधारणा

किसी शिशु के माँ के गर्भ में आने से प्रारंभ हुए 1000 दिन उसके शरीर तथा मस्तिष्क के विकास हेतु सर्वाधिक महत्त्वपूर्ण हैं। नवीन शोधों के अनुसार प्रथम एक हजार दिन का पोषण ही शिशु के विकास का आधार होता है। गर्भावस्था तथा प्रारंभिक अवस्था में पोषण के द्वारा ही निर्धारित होता है कि शिशु का विकास, स्मृति किस प्रकार के होंगे। प्रथम एक हजार दिनों में शिशु के मस्तिष्क का विकास सर्वाधिक तीव्र गति से होता है, अत: इन दिनों में प्रदत्त आहार तथा पोषण ही उसके मस्तिष्क के तीव्र विकास में सहायक होता है।

गर्भावस्था के दौरान शिशु के मस्तिष्क का विकास सर्वाधिक तीव्र गति से होता है। न्यूरल ट्यूब का निर्माण गर्भाधान के 16वें दिन प्रारंभ हो जाता है तथा सातवें माह तक गर्भ में ही शिशु के मस्तिष्क का विकास एक वयस्क के मस्तिष्क के स्तर तक हो जाता है। गर्भावस्था के चौथे सप्ताह में शिशु के मस्तिष्क में दस हजार कोशिकाएँ होती हैं, जो चौबीसवें सप्ताह तक बढ़कर दस अरब तक पहुँच जाती हैं। इस विकास के लिए पोषण की महत्त्वपूर्ण आवश्यकता होती है।

अत: शिशु के माँ के गर्भ में आने से उसके दो वर्ष का हो जाने तक का समय अथवा प्रथम एक हजार दिन शिशु के जीवन के लिए सर्वाधिक महत्त्वपूर्ण होते हैं, अत: एक सुनहरे भविष्य के लिए इस दौरान माँ और शिशु का ध्यान रखना अनिवार्य है।

यदि किसी दंपती ने गर्भधारण करने का निर्णय लिया तथा योजना करता है तो गर्भधारण से पूर्व माँ का स्वास्थ्य, पोषण, जीवन-शैली तथा वातावरण के अच्छे होने से एक स्वस्थ शिशु के जन्म की संभावना निर्मित हो जाती है। यदि दंपती बच्चे के विषय में निर्णय लेता है तो बहुत महत्त्वपूर्ण है कि वे गर्भाधान से पूर्व निम्नांकित बिंदुओं पर अवश्य ध्यान दें—

1. गर्भधारण का निर्णय किसी के दबाव में नहीं लेना चाहिए। यह निर्णय अपनी क्षमता, स्वास्थ्य और आवश्यकताओं आदि के आधार पर ही लेना चाहिए।
2. प्रथम गर्भधारण 18 वर्ष की आयु के पश्चात् ही होना चाहिए तथा दो बच्चों के मध्य पर्याप्त अंतर भी रखना चाहिए।
3. गर्भधारण तथा शिशु की देखभाल हेतु दंपती का शारीरिक, मानसिक, भावनात्मक और वित्तीय रूप से तैयार होना आवश्यक है।
4. यदि गर्भधारण की योजना बना ली है तो संपूर्ण स्वास्थ्य परीक्षण कराना चाहिए एवं इसके अनुसार आहार, जीवन-शैली तथा आचरण करना चाहिए।
5. गर्भधारण के समय हीमोग्लोबिन का स्तर अवश्य देखना चाहिए, यदि यह 12 ग्राम प्रति डेसीलीटर से कम है तो चिकित्सक से अवश्य परामर्श लें।

शिशु के जन्म पर अनेक कारकों का प्रत्यक्ष प्रभाव होता है, अत: प्रत्येक कारक की जानकारी, उसके प्रभाव की जानकारी आदि दंपती को अवश्य होनी चाहिए। निम्नांकित विषयों पर ध्यान देने से शिशु की विकास प्रक्रिया सही दिशा में आगे बढ़ती है—

(क) उपयुक्त आहार : गर्भावस्था तथा गर्भधारण के पूर्व माँ की पोषणीय स्थिति शिशु के आरंभिक विकास हेतु सर्वाधिक महत्त्वपूर्ण है, अत: यह आवश्यक है कि माँ को अनाज, फल, सब्जी, प्रोटीन, दुग्ध उत्पाद, वसा, जल समूहों से कम-से-कम एक आहार तत्त्व से निर्मित भोज्य पदार्थ अवश्य प्राप्त हो।

1. अनाजों में चावल, गेहूँ, रागी, बाजरा, ज्वार आदि से निर्मित भोज्य

पदार्थ, जैसे—चपाती, डोसा, पोहा आदि का सेवन कराया जाए। मैदे से निर्मित पदार्थों ब्रेड, बिस्कुट आदि से बचना चाहिए।

2. मौसमी फल तथा सब्जियों का सेवन अवश्य करें। भोजन में हरी पत्तेदार सब्जियाँ, आलू आदि स्टार्चयुक्त सब्जियाँ आदि अवश्य सम्मिलित करें।
3. प्रोटीन के लिए दालें, मूँग, मसूर, अरहर, राजमा, अंडे, मछली आदि का प्रयोग करें।
4. दूध, दही, पनीर का सेवन करें।
5. सरसों का तेल, मूँगफली तेल, राइस ब्रान तेल, अलसी का तेल निर्धारित मात्रा में भोजन निर्माण में प्रयोग करना चाहिए, जिससे उपयुक्त मात्रा में ओमेगा-3 तथा ओमेगा-6 वसीय एसिड प्राप्त हो सके।
6. प्रतिदिन 10-12 गिलास जल अवश्य ग्रहण करें।

उपर्युक्त पदार्थों को ग्रहण करने के साथ-साथ निम्नांकित बिंदुओं को अवश्य ध्यान में रखना चाहिए—

1. भोजन करने की गलत आदतों, जैसे नाश्ता न करना, देर से भोजन करना, फास्ट फूड/जंक फूड आदि से बचें।
2. दिन में तीन बार भोजन अवश्य करें। निर्धारित समय पर नाश्ता, दोपहर का भोजन, रात्रि का भोजन ग्रहण करें। इनके मध्य आवश्यकतानुसार हलका आहार भी ग्रहण करें।
3. हानिकारक बैक्टीरियायुक्त भोजन, जैसे अधपका मांस, मछली, अंडा, अपाश्चुरीकृत दूध आदि से बचें।
4. चाय तथा कॉफी का सेवन कम करें।

(ख) सक्रियता : महिला को सदैव सक्रिय रहना चाहिए, जिससे वह मानकानुसार वजन ही धारित करे। वजन के कम या अधिक होने, अर्थात् मोटा या पतला होने से गर्भधारण तथा गर्भावस्था में भी समस्याएँ आती हैं। यह भी ध्यान रखना आवश्यक है कि कार्यालय जाना तथा काम करना सक्रियता नहीं है, बल्कि सक्रियता से तात्पर्य टहलना, योग करना, शारीरिक व्यायाम करना आदि है।

(ग) हानिकारक रसायनों तथा विषाक्त पदार्थों से बचाव : गर्भधारण तथा गर्भावस्था के दौरान माँ तथा शिशु दोनों के लिए आवश्यक है कि हानिकारक रसायनों तथा विषाक्त पदार्थों से दूर रहें। इसके लिए निम्नांकित बिंदुओं का ध्यान रखें—

1. कीटनाशकयुक्त फल तथा सब्जी, लेडयुक्त कॉस्मेटिक पदार्थ, घर की सफाई में काम आनेवाली सामग्री आदि से दूर रहें।
2. धूम्रपान करनेवाले व्यक्ति से दूर रहें तथा स्वयं भी धूम्रपान से बचें।
3. सफाई के समय ध्यान रखें कि जूते इत्यादि घर के बाहर उतारें, फिनाइल आदि के स्थान पर पानी और साबुन का प्रयोग कर सकते हैं।
4. काँच तथा स्टील के बरतनों का प्रयोग करें।
5. बंद कमरे में मच्छर भगाने की सामग्री का प्रयोग न करें।
6. मुख स्वच्छता का विशेष ध्यान रखें तथा सुबह एवं रात्रि भोजन के पश्चात् दाँत एवं मुख साफ करें।

(घ) संक्रमण से बचाव : स्वच्छता का विशेष ध्यान रखें। रोगी व्यक्ति से मिलने से बचें, उसके साथ भोजन, बरतन आदि उपयोग न करें। हाथ तथा शरीर की स्वच्छता का विशेष ध्यान रखें।

(ङ) आवश्यक टीकारण कराएँ : हेपेटाइटिस-बी, रूबेला आदि गर्भस्थ शिशु को गंभीर रूप से प्रभावित करते हैं। इस प्रकार के रोगों से बचाव के लिए टीके उपलब्ध हैं, अत: गर्भधारण से पूर्व टीकाकरण अवश्य कराएँ तथा यह भी चिकित्सक से परामर्श लेना न भूलें कि टीकाकरण के पश्चात् कब गर्भधारण करना उचित रहेगा।

(च) नशीले पदार्थों के सेवन से बचें : नशीले पदार्थों, जैसे तंबाकू, अल्कोहल, नारकोटिक ड्रग्स आदि के सेवन से गर्भधारण करने, गर्भ से प्लासेंटा के शीघ्र पृथक् हो जाने, गर्भ द्रव के निकल जाने जैसी समस्याएँ उत्पन्न हो सकती हैं। इसके अतिरिक्त शिशु में भी गर्भ पूर्व मृत्यु तथा पश्चात् मृत्यु, वजन कम होने, पूर्ण विकास न होने जैसी स्थितियाँ उत्पन्न हो सकती हैं।

(छ) भावनात्मक तथा मानसिक स्वास्थ्य का ध्यान रखें : भावनात्मक तथा मानसिक स्वास्थ्य हेतु निम्नांकित बिंदुओं का पालन करें—

1. किसी प्रकार का तनाव अकेलापन, निराशा, व्यग्रता आदि को जन्म देता है। तनाव से उत्पन्न मानसिक स्थिति माँ तथा शिशु के स्वास्थ्य को प्रभावित करते हैं।
2. घरेलू हिंसा गर्भवती माँ तथा शिशु को सर्वाधिक हानि पहुँचा सकती है। यदि घरेलू हिंसा की स्थिति है तो डॉक्टर, आशा, निकट संबंधी तथा महिला सहायता केंद्र आदि की सहायता अवश्य लें।
3. किसी भी प्रकार के भ्रम से दूर रहें, जैसे गर्भस्थ शिशु का लिंग निर्धारण माँ के अनुसार होता है अथवा औषधि आदि के द्वारा गर्भस्थ शिशु का लिंग परिवर्तन संभव है आदि। लिंग का निर्धारण पिता के आधार पर होता है तथा किसी भी प्रकार से गर्भस्थ शिशु का लिंग परिवर्तन संभव नहीं है।

प्रसवपूर्व पोषण (0-280 दिन)

गर्भाधान से शिशु के जन्म तक का समय माँ तथा शिशु के लिए बहुत महत्त्वपूर्ण होता है। गर्भावस्था तथा शिशु का जन्म माँ के शरीर के लिए सर्वाधिक चुनौतीपूर्ण होता है, अतः उपयुक्त पोषण, आहार, सुरक्षित व्यायाम तथा विश्राम को सर्वाधिक महत्त्व देना चाहिए।

गर्भवती स्त्री हेतु अनिवार्य पोषक तत्त्व

1. आयोडीन : गर्भवती स्त्री को प्रतिदिन 220 माइक्रोग्राम आयोडीन की आवश्यकता होती है। शिशु के मस्तिष्क विकास तथा बुद्धिमत्ता गुणांक का सीधा संबंध आयोडीन से है। पालक, बिना छिला आलू, आयोडीनयुक्त नमक, दूध, दही, मछली, उबला हुआ अंडा इसके मुख्य स्रोत हैं।

आयोडीन के संबंध में एक भ्रांति आयोडीनयुक्त नमक को लेकर है। यदि गर्भवती स्त्री आयोडीनयुक्त नमक का सेवन कर रही है तो भी उसे उपर्युक्त पदार्थों का सेवन अवश्य करना चाहिए, क्योंकि पकाए हुए भोजन में आयोडीन की मात्रा कम हो जाती है। नमक को सलाद आदि पर डालकर अवश्य खाएँ। नमक का भंडारण आर्द्र तथा गरम परिस्थितियों में न करें।

2. फॉलिक एसिड : फॉलिक एसिड प्रतिदिन 400 माइक्रोग्राम ग्रहण करना चाहिए। इसकी उपयोगिता शिशु के मस्तिष्क तथा मेरुदंड के विकास में सहायक है। इसकी सर्वाधिक आवश्यकता गर्भावस्था के प्रारंभिक 300 दिनों में होती है। पत्तागोभी, भिंडी, पालक, गाजर, बींस, मटर, संतरा, मछली, फॉलिक एसिड के सर्वाधिक महत्त्वपूर्ण स्रोत हैं।

3. आयरन : आयरन की आंशिक कमी से शिशु का मानसिक विकास प्रभावित होता है। लाल पालक, हरा पालक, पत्तागोभी, मूली, सरसों, गुड़, अंडा, मुर्गे का मांस आदि आयरन के महत्त्वपूर्ण स्रोत हैं।

4. विटामिन 'डी' : गर्भावस्था के दौरान माँ को 400 आई.यू. विटामिन 'डी' की आवश्यकता होती है। यह शिशु के अस्थि विकास हेतु आवश्यक है। यह सामान्यत: उन स्त्रियों में कम होता है, जो सूर्य के प्रकाश में कम रहती हैं। मशरूम, बादाम, दूध, दही, मछली, अंडा तथा सूर्य की रोशनी विटामिन 'डी' के प्रमुख स्रोत हैं।

5. विटामिन 'बी12' : प्रत्येक गर्भवती स्त्री हेतु विटामिन 'बी12' की 1.2 माइक्रोग्राम मात्रा की प्रतिदिन आवश्यकता होती है। सामान्यत: इसकी कमी शाकाहारी स्त्रियों में अधिक होती है। यह शिशु के मस्तिष्क और मेरुदंड के विकास हेतु महत्त्वपूर्ण है। मूँगफली, दूध, दही, मछली, अंडा, मुर्गे का मांस आदि इसके प्रमुख स्रोत हैं।

6. ओमेगा-3 : ओमेगा-3 शिशु के मस्तिष्क तथा दृष्टि विकास हेतु आवश्यक है। हरी पत्तेदार सब्जियाँ, बींस, सरसों का तेल, राइस ब्रान तेल (चावल की भूसी का तेल), मछली, अखरोट, चिया के बीज ओमेगा-3 के महत्त्वपूर्ण स्रोत हैं।

भारत सरकार के स्वास्थ्य एवं परिवार कल्याण मंत्रालय के राष्ट्रीय बाल स्वास्थ्य कार्यक्रम के अंतर्गत प्रथम एक हजार दिन की मात्रा के माध्यम से गर्भवती स्त्री का आहार चार्ट दिया गया है, जो इस प्रकार है—

गर्भवती स्त्री के लिए आदर्श आहार योजना

	आहार प्रकार-1	आहार प्रकार-2
प्रात: 6-7 बजे	एक गिलास दूध (250 मिमी.)	एक गिलास दूध (250 मिमी.)
	एक रस्क	एक रस्क
	एक सेब	एक सेब/एक संतरा/एक जामुन
	एक रागी लड्डू	एक रागी लड्डू
	एक या दो खजूर	एक या दो खजूर
नाश्ता 8-9 बजे	चार इडली/एक डोसा/ एक कटोरी उपमा/एक कटोरी साँभर/चटनी	एक भरवाँ पराँठा/एक कटोरी दलिया/एक कटोरी आलू की सब्जी तथा दो पूड़ी
पूर्वाह्न 11 बजे	एक संतरा/एक सेब/एक अनार/एक कप काले अंगूर तथा एक गिलास नारियल पानी/नीबू पानी	एक संतरा/एक सेब/एक अनार/एक कप काले अंगूर तथा एक गिलास नारियल पानी/नीबू पानी
दोपहर का भोजन 1-2 बजे	एक कटोरी चावल, एक कटोरी सलाद (गाजर/ चुकंदर), पालक की कढ़ी/ हरी सब्जी, एक कटोरी दाल, एक छोटी कटोरी दही, एक कटोरी आटा/रवा हलवा	*एक कटोरा पका हुआ चावल/दो रोटी/एक कटोरी छिलकेवाला आलू/शकरकंद/ अरबी/जिमीकंद *एक कटोरी हरी पत्तेदार सब्जी (पालक) *एक कटोरी दाल (मसूर/मूँग/राजमा/चना) *एक कटोरी दही, * एक लड्डू
शाम 5-6 बजे	एक गिलास दूध/एक कप चाय/2 बिस्किट/रस्क	*एक गिलास दूध/एक कप चाय/ *एक टिक्की/दो बिस्किट/ एक रस्क
शाम 7-8 बजे	सूप एक कटोरी (टमाटर, इमली, लहसुन, हींग)	एक कटोरी सब्जी का सूप/ टमाटर का सूप

रात्रि का भोजन	एक कटोरी चावल या एक-दो चपाती, एक कटोरी दाल (साँभर), सब्जी, एक कटोरी रागी अंबली, एक उबला अंडा/75 ग्राम मछली।	*एक कटोरी पका चावल/ दो रोटी तथा एक कटोरी दाल *एक कटोरी सब्जी

गर्भवती स्त्री को गर्भावस्था के दौरान निम्नांकित बिंदुओं का भी ध्यान रखना आवश्यक है—

1. शरीर में जल की मात्रा को सदैव संतुलित रखना आवश्यक है। जल संतुलन से मूत्रपथ संक्रमण से बचाव होता है। यह शिशु को पोषण प्रदान करता है। यह गर्भावस्था के महत्त्वपूर्ण दौर में एमनियोटिक द्रव को बनाए रखने में सहायक है।
2. गर्भवती स्त्री को करवट लेकर सोने की आदत होती है। वह पैर मोड़कर आरामदायक स्थिति में सोती है, जो नींद पूरी होने में सहायक होती है।
3. गर्भावस्था के दौरान हलका व्यायाम गर्भवती स्त्री को बहुत से रोगों से बचाने में सहायक होता है। गर्भवती स्त्री को पाँच से दस मिनट टहलना चाहिए। गरम तथा आर्द्र वातावरण में व्यायाम नहीं करना चाहिए, क्योंकि इससे शरीर में जल की कमी हो सकती है। व्यायाम से पूर्व तथा पश्चात् आराम अवश्य करें। व्यायाम करते समय चिकित्सक से परामर्श अवश्य लें। चिकित्सक की सलाह के अनुसार ही व्यायाम करें।

गर्भावस्था

किसी भी दंपती के लिए गर्भावस्था बहुत ही महत्त्वपूर्ण समय होता है। यह जीवन के एक नवीन चरण का प्रारंभ होता है। माहवारी या मासिक धर्म न होना ही गर्भधारण का सूचक नहीं है। भारत सरकार ने गर्भधारण की पुष्टि हेतु एक

'निश्चय' नामक किट निर्गत की है। यदि किसी स्त्री का मासिक धर्म नहीं होता है तो वह निम्नांकित बिंदुओं को ध्यान में रखते हुए 'निश्चय किट' का प्रयोग कर सकती है—

- किट में प्रदान किए परीक्षण कार्ड पर प्रातःकालीन मूत्र की दो बूँद रखनी हैं, यदि परीक्षण कार्ड पर दो Violet रंग की लाइन आती हैं तो आप गर्भधारण कर चुकी हैं।
- यदि एक ही लाइन प्रदर्शित होती है तो आप गर्भवती नहीं हैं।
- यदि कोई भी लाइन प्रदर्शित नहीं होती है तो आपको परीक्षण पुनः करना होगा।

प्रसव की संभावित तिथि की गणना

गर्भावस्था की सामान्य अवधि 280 दिनों की है, किंतु यह आवश्यक नहीं है कि संभावित तिथि पर ही प्रसव हो। प्रसव संभावित तिथि के एक से दो सप्ताह के दौरान भी संभव है। प्रसव की संभावित तिथि की गणना निम्नांकित प्रकार से की जा सकती है—

1. अंतिम मासिक चक्र के प्रारंभ होने की तिथि को लिखिए।
2. अंतिम मासिक चक्र के प्रारंभ होने की तिथि से एक सप्ताह पूर्व की तिथि लिखिए।
3. क्रम संख्या दो की तिथि से 3 माह पीछे की तिथि लिखिए।
4. क्रम संख्या 03 में एक वर्ष जोड़ दीजिए। यही आपकी प्रसव की संभावित तिथि है।

गर्भधारण के पश्चात् माँ के स्वास्थ्य तथा शिशु के स्वास्थ्य और विकास हेतु गर्भावस्था के नौ माह सर्वाधिक महत्त्वपूर्ण हैं। इस अवधि को तीन तिमाही में विभाजित किया जाता है। यह अवधि शिशु के विकास को दृष्टि में रखकर निर्धारित की गई है। इस अवधि के दौरान चिकित्सक/आशा/ए.एन.एम. आदि से सुविधा तथा उपलब्धता के अनुसार संपर्क में अवश्य रहना चाहिए।

प्रथम तिमाही

प्रथम तिमाही गर्भावस्था के प्रथम सप्ताह से तेरहवें सप्ताह तक की अवधि है। यह लगभग तीन माह का समय होता है। इस अवधि में गर्भवती स्त्री को स्वास्थ्य संबंधी तथा मानसिक स्थिति में अनेक परिवर्तन अनुभव होते हैं, जैसे वसा में वृद्धि, मानसिक स्थिति में तीव्र परिवर्तन, पेट दर्द, मांसपेशियों में खिंचाव, जी मिचलाना आदि।

शिशु के विकास की दृष्टि से भी यह अवधि महत्त्वपूर्ण है, क्योंकि इस दौरान शिशु की हड्डियों का विकास, बाल तथा नाखून, पाचन तंत्र, स्पर्श की अनुभूति, नेत्र विकास, हृदय, मस्तिष्क आदि का विकास प्रारंभ हो जाता है।

द्वितीय तिमाही

द्वितीय तिमाही गर्भावस्था का स्वर्णिम काल कहा जाता है, क्योंकि इस अवधि में माँ अपने शिशु का अनुभव करने लगती है। यह तिमाही चौदहवें सप्ताह से सत्ताइसवें सप्ताह के मध्य होती है। इस तिमाही में मॉर्निंग सिकनेस (जी मिचलाना या मतली आना) तथा थकान आदि समस्याएँ समाप्त या बहुत कम हो जाती हैं। इसके अंत तक माँ को शिशु की गतिविधियों की अनुभूति भी होने लगती है।

इस अवधि में शिशु के मस्तिष्क का विकास होता रहता है, जो जन्म के बाद भी विकसित होता है। इस दौरान ही शिशु के बोन मैरो का विकास भी प्रारंभ हो जाता है और फेफड़ों का निर्माण हो जाता है, यद्यपि वे कार्य प्रारंभ नहीं करते हैं।

तृतीय तिमाही

तृतीय तिमाही 28वें सप्ताह से प्रारंभ होकर 40वें सप्ताह तक अथवा शिशु के जन्म होने तक मानी जाती है। इस अवधि में चेहरे आदि पर सूजन आ सकती है, किंतु यदि यह सूजन अचानक आती है तो अपने डॉक्टर से अवश्य संपर्क करें तथा सोने, साँस लेने आदि में तकलीफ हो सकती है। इस समय वास्तविक अथवा भ्रम के कारण प्रसव पीड़ा की अनुभूति भी हो सकती है। इस अवधि में माँ के शरीर में अनेक ऐसे परिवर्तन भी होते हैं, जो वह देख नहीं सकती है। इस अवधि में डॉक्टर से निरंतर संपर्क में रहना चाहिए।

इस अवधि में अस्थियों का पूर्ण विकास हो जाता है। शिशु आँखों को खोलना तथा बंद करना प्रारंभ कर देता है, यद्यपि फेफड़ों का पूर्ण विकास नहीं होता है, किंतु श्वास प्रक्रिया प्रारंभ हो जाती है और शिशु की गतिविधियों में वृद्धि हो जाती है।

प्रसव

गर्भावस्था की निर्धारित अवधि पूर्ण होने के पश्चात् शिशु का माँ के गर्भ से बाहर आना अथवा जन्म लेना प्रसव के अंतर्गत सम्मिलित है। प्रसव की संपूर्ण क्रिया चिकित्सक अथवा प्रशिक्षित व्यक्ति की देखरेख में ही की जानी चाहिए, अन्यथा माँ तथा शिशु दोनों के जीवन पर गंभीर संकट की स्थिति बन सकती है।

प्रसव से पूर्व निम्नांकित महत्त्वपूर्ण बिंदुओं को ध्यान में रखना अति आवश्यक है—

1. प्रसव पीड़ा को स्वतः आरंभ होने देना चाहिए। इसके लिए किसी प्रकार की दवाई का सेवन करना संकट को आमंत्रित करना हो सकता है।

2. प्रसव पीड़ा को अवश्य होने दें, क्योंकि यह शरीर में संबंधित परिवर्तन करने में सहायक होती है।

3. समय निर्धारित कर दी गई कृत्रिम प्रसव पीड़ा शिशु के स्वास्थ्य तथा जीवन पर दुष्प्रभाव डाल सकती है।

4. प्रसव के दौनान तनावमुक्त रहने से प्रसव सरलता से संपन्न हो सकेगा।

प्रसव एक क्रमिक रूप से घटित होनेवाली प्रक्रिया है, अतः यह चरणों में विभाजित है। सर्वप्रथम माँ का यह जानना आवश्यक है कि उसका शरीर प्रसव हेतु तैयार हो रहा है, क्योंकि सामान्य पीड़ा तथा प्रसव पीड़ा में अंतर होता है, अतः यह जानना भी आवश्यक है कि वास्तविक प्रसव पीड़ा प्रारंभ हुई अथवा नहीं।

यद्यपि प्रत्येक स्त्री की प्रसव प्रक्रिया भिन्न होती है, किंतु सामान्य लक्षणों के आधार पर अनुमान लगाना तथा संबंधित तैयारी करना संभव होता है। इस हेतु निम्नांकित लक्षणों को ध्यान में रखने की आवश्यकता है—

1. इस समय गर्भवती स्त्री की भावनात्मकता में वृद्धि हो सकती है।

2. इस समय गर्भवती स्त्री को पीठ दर्द आदि की शिकायत हो सकती है।

3. श्वास प्रक्रिया बेहतर होने से सुखद अनुभूति होती है।

4. अल्प संकुचन की स्थिति भी कभी-कभी अनुभव हो सकती है।

5. गुलाबी, भूरा या लाल द्रव स्राव भी हो सकता है।

उपर्युक्त लक्षण सूचक हैं कि प्रसव की प्रक्रिया प्रारंभ हो रही है, क्योंकि प्रसव के दो से तीन सप्ताह पूर्व शिशु माँ के गर्भ में नीचे की ओर खिसकना प्रारंभ कर देता है, अतः गर्भवती स्त्री को निम्नांकित बिंदुओं को ध्यान में रखने की आवश्यकता है—

1. नित्य टहलना जारी रखें।

2. परिवार तथा मित्रों के साथ समय व्यतीत करें।

3. गर्भवती स्त्री को अच्छा साहित्य पढ़कर सुनाना भी अच्छा होता है।

4. समय-समय पर गर्भवती स्त्री को आराम भी करना चाहिए।

5. नियमित स्नान करें तथा मौसम के अनुसार वस्त्र अवश्य धारण करें, जिससे शरीर में गरमाहट बनी रहे।

6. पानी पर्याप्त मात्रा में लें तथा निर्धारित आहार चार्ट का पालन करती रहें।

गर्भवती स्त्री के शरीर में वास्तविक प्रसव पीड़ा के संकेत इस प्रकार होते हैं—

- वास्तविक प्रसव पीड़ा प्रारंभ होने पर संकुचन तीव्रता से होते हैं तथा ये निरंतर स्थायी होते जाते हैं।
- संकुचनों के स्थायी होते रहने के साथ पीठ में दर्द की अनुभूति निरंतर बनी रहती है।
- प्रसव पीड़ा के आरंभ होने पर प्रायः द्रव स्राव की स्थिति होती है।
- संकुचन के तीव्र होने पर उल्टी जैसी स्थितियाँ भी उत्पन्न हो सकती हैं।
- संकुचन की प्रक्रिया निरंतर बढ़ती जाती है।

उपर्युक्त लक्षणों के होने पर तत्काल अपने चिकित्सक अथवा प्रशिक्षित नर्स से संपर्क करें तथा यथाशीघ्र गर्भवती स्त्री को अस्पताल लेकर जाएँ।

सामान्यतः प्रसव तथा शिशु के जन्म को चार चरणों में विभाजित किया गया है—

1. विस्फरण (Dilation)
2. धक्का देना (Push Stage)
3. नाल चरण (Placental Stage)
4. स्वास्थ्य लाभ (Recovery Stage)

प्रथम चरण

यह चरण प्रसव पीड़ा से प्रारंभ होता है। यह जन्ममार्ग के पूर्ण रूप से तैयार हो जाने तक रहता है। इसके अंतर्गत जन्ममार्ग विस्फारित होकर लगभग 10 सेमी. तक फैल जाता है, जिससे शिशु सरलतापूर्वक माँ के गर्भ से सुरक्षित बाहर आ सके। इस चरण में गर्भवती स्त्री का ध्यान अन्य किसी विषय अथवा वस्तु की ओर ले जाने का प्रयास किया जाना चाहिए। गर्भवती स्त्री को धीरे-धीरे नियंत्रित रूप से साँस लेनी चाहिए। इससे शरीर तथा शिशु को उपयुक्त मात्रा में ऑक्सीजन प्राप्त होगी। इस दौरान पेट की मालिश उचित नहीं, उसके स्थान पर शरीर के अन्य स्थानों पर हलके हाथ से सहलाना अधिक बेहतर है।

इस समय माँ को निरंतर मूत्र त्याग करते रहना चाहिए। इस समय संगति, बातचीत, बैठकर खेले जा सकनेवाले खेलों का भी आश्रय लिया जा सकता है। माँ को निरंतर अपने बैठने अथवा लेटने की स्थिति में परिवर्तन भी करते रहना चाहिए। यह चरण 10-12 घंटे तक का हो सकता है।

द्वितीय चरण

यह चरण एक से दो घंटे का होता है। यह चरण प्रथम चरण के अंत से प्रारंभ होकर शिशु के जन्म तक होता है। इसमें प्रत्येक संकुचन के साथ एक तीव्र धक्के की अनुभूति होती है। इस दौरान गर्भवती स्त्री जोर से चिल्ला सकती है।

इस दौरान चिकित्सक, प्रशिक्षित सहायक आदि के साथ होने से सहायता मिलती है। सर्वप्रथम गर्भवती स्त्री को ऐसी स्थिति अथवा अवस्था में रखना चाहिए कि गुरुत्व बल का सदुपयोग हो सके। जब गर्भवती स्त्री को संकुचन की अनुभूति हो तो धक्का देने का प्रयास किया जाए। संकुचन के मध्य विश्राम तथा श्वास प्रक्रिया का विशेष ध्यान रखना आवश्यक होता है। यदि शिशु का सिर

दिखाई पड़ जाता है तो तुरंत माँ को बताएँ। किसी भी स्थिति में माँ को हतोत्साहित न करें तथा माँ के चिल्लाने अथवा अन्य किसी प्रतिक्रिया पर धैर्य बनाए रखें। बीच-बीच में माँ के चेहरे को पोंछते रहे, जिससे उसे भावनात्मक सहायता भी प्राप्त होगी।

तृतीय चरण

इस चरण में प्लासेंटा भी बाहर आता है। यह माँ के गर्भ में शिशु के पोषण का कार्य करता है। शिशु के जन्म के पश्चात् पाँच से पचास मिनट के बीच यह बाहर आता है। इस समय सहयोगी को नवजात शिशु को माँ के पास रखकर उसे साफ करना, गर्भनाल कटवाना, दुग्धपान आदि कराना चाहिए। यह भी ध्यान रखने की आवश्यकता है कि माँ को अत्यधिक रक्तस्राव तो नहीं हो रहा है या माँ को किसी प्रकार की चिकित्सकीय सहायता की आवश्यकता तो नहीं है।

चतुर्थ चरण

यह शिशु के जन्म से दो से तीन घंटे पश्चात् की स्थिति है। इस समय माँ को ठंड लग सकती है, स्पंदन की अनुभूति हो सकती है। प्रसव पीड़ा के पश्चात् बवासीर आदि जैसी स्थिति भी हो सकती है। इस समय माँ को कमजोरी भी महसूस हो सकती है। इस समय सहयोगी को माँ को सहयोग करना चाहिए। रक्तस्राव का ध्यान रखना चाहिए, पल्स तथा ब्लड प्रेशर का ध्यान रखना चाहिए।

शिशु के जन्म के पश्चात् इन स्थितियों में तत्काल चिकित्सक से परामर्श अवश्य लें—

- शिशु को श्वास लेने में समस्या होने पर
- मूत्र तथा मल त्याग में समस्या होने पर
- पीलिया, बुखार, डायरिया, आँखों में लालिमा अथवा कोई अन्य अस्वाभाविक लक्षण होने पर।

शिशु के जन्म के पश्चात्

यह महत्त्वपूर्ण नहीं है कि शिशु बालक है अथवा बालिका, गोरा है अथवा

काला, तंदुरुस्त है अथवा कमजोर, बल्कि यह अधिक महत्त्वपूर्ण विषय है कि जन्म के पश्चात् के दो वर्ष शिशु के शारीरिक तथा मानसिक विकास हेतु सर्वाधिक महत्त्वपूर्ण हैं। यह विकास प्रक्रिया शिशु के जन्म के पहले घंटे से ही प्रारंभ हो जाती है। माँ के साथ शिशु का प्रथम दृष्टि संपर्क, स्पर्श तथा स्वर माँ तथा शिशु के संबंध को सर्वाधिक प्रभावित करते हैं। यह संपर्क शिशु के मस्तिष्क तथा बौद्धिक विकास को दिशा प्रदान करता है।

शिशु के जन्म के पश्चात् पहला घंटा शिशु और माँ के बीच एक अद्वितीय संबंध की आधारशिला होता है। इस अवधि में शिशु को पकड़ना, उसे देखना, थपथपाना आदि करने से शिशु प्रतिक्रियाशील होता है। शिशु को सूती कपड़े पहनाने चाहिए, इस समय शिशु को स्नान कराने की आवश्यकता नहीं है, मात्र पोंछना ही पर्याप्त है। नवजात शिशु की त्वचा पर क्रीमी रंग की एक परत हो सकती है। इसे 'वर्निक्स' कहते हैं। इसे तत्काल हटाने का प्रयास नहीं करना चाहिए, क्योंकि यह नवजात शिशु की त्वचा का सुरक्षा कवच है। नवजात शिशु के लिए बटनरहित, पूरी बाँह के सूती कपड़े ही उपयुक्त होते हैं। शिशु के लिए स्तनपान इसी समय प्रारंभ होना चाहिए। इसके शिशु के साथ-साथ माँ को भी अनेक लाभ हैं। यह यूटेरस या गर्भाशय संकुचन तथा रक्तस्राव कम करने में भी सहायक होता है।

नवजात शिशु के लिए प्रथम दो से पाँच दिन का स्तनपान रक्षात्मक आवरण का कार्य करता है। यह एक प्रकार का प्राकृतिक वैक्सीन है, क्योंकि माँ के दूध में एक पतला हलके पीले रंग का द्रव कोलोस्ट्रम होता है, जिसमें प्रोटीन और एंटीबॉडी होते हैं, जो संक्रमण आदि से नवजात शिशु की रक्षा करता है, अत: प्रारंभिक घंटों तथा दिनों हेतु स्तनपान वरदान है। प्रथम एक घंटे के पश्चात् नवजात शिशु एक गहरी निद्रा लेता है। इस समय वह माँ के संपर्क में रहे तथा यह भी ध्यान रखना आवश्यक है कि माँ को भी पर्याप्त आराम मिल सके।

माँ तथा नवजात शिशु के लिए आवश्यक है कि दोनों प्रसव के पश्चात् कम-से-कम दो दिनों तक स्वास्थ्य सुविधाओं से युक्त स्थान पर ही रहें, क्योंकि प्रथम दो से तीन दिन माँ तथा शिशु के स्वास्थ्य के लिए सर्वाधिक महत्त्वपूर्ण हैं। यह भी ध्यान रखना आवश्यक है कि नवजात शिशु को प्रथम एक सप्ताह

बालरोग विशेषज्ञ अथवा प्रशिक्षित स्वास्थ्यकर्मी की निरंतर निगरानी में रखा जाए तथा प्रारंभिक टीकाकारण आदि भी कराना सुनिश्चित किया जाए। माँ को अतिरिक्त पोषण तथा पर्याप्त विश्राम दिया जाना भी अनिवार्य है।

स्तनपान से संबंधित महत्त्वपूर्ण तथ्य

नवजात शिशु के लिए प्रथम छह माह तक स्तनपान अत्यधिक लाभकारी होता है। स्तनपान कराते समय निम्नांकित बिंदुओं का ध्यान रखना चाहिए—

- प्रत्येक नवजात शिशु स्तनपान के समय भिन्न व्यवहार करता है। कुछ शिशु तत्काल स्तनपान प्रारंभ कर देते हैं तथा कुछ समय लेते हैं, अतः शिशु के व्यवहार को समझने की आवश्यकता होती है।
- शिशु के मल तथा मूत्र निर्गमन से भी यह अनुमान लगाया जा सकता है कि उसे पर्याप्त दूध प्राप्त हो रहा है अथवा नहीं। सामान्य रूप से प्रथम सप्ताह के पश्चात् शिशु 6 अथवा उससे अधिक बार मूत्र त्याग तथा लगभग तीन बार मल त्याग करता है।
- माँ के दूध की मात्रा में धीरे-धीरे वृद्धि होती है, अतः प्रारंभ में कम दूध आने पर चिंतित न हों, किंतु यदि यह निरंतर रहता है तो चिकित्सक से संपर्क अवश्य करें।
- जब शिशु भूखा होगा तो वह असहज होगा, अपनी अंगुलियों को चूसेगा, आवाज करेगा, अपना मुँह खोलेगा, अतः ऐसा होने पर माँ को शिशु को तुरंत स्तनपान कराना प्रारंभ कर देना चाहिए।
- सामान्य रूप से शिशु एक दिन में 8-10 बार स्तनपान करता है, किंतु यह शिशु तथा माँ के दूध पर निर्भर करता है कि शिशु कितनी बार स्तनपान करेगा।
- यदि स्तनपान करानेवाली माँ सहज और विश्वास से युक्त है तथा पर्याप्त विश्राम कर रही है तो स्तनों में दूध सरलता से आता है।

शिशु के रोने का भी एक विज्ञान होता है, अतः शिशु के रोने के समय निम्नांकित बिंदुओं का अवलोकन करने का प्रयास करना चाहिए—

- शिशु रोकर सामान्य रूप से किसी आवश्यकता का संकेत देता है।

- यह प्रकाश, आवाज अथवा इस प्रकार की अन्य वस्तुओं अथवा व्यवस्थाओं के प्रति प्रतिक्रिया भी हो सकती है।
- यह तनाव दूर करने में भी सहायक है।
- शिशु के रोने पर उसकी आवश्यकता को समझने तथा अवलोकन करने का प्रयास कर उसका समाधान करने की कोशिश करनी चाहिए।

शिशु के सोने के क्रम का भी ध्यान देना आवश्यक है। प्रथम सप्ताह से लगभग चौथे सप्ताह तक शिशु भिन्न शयन-चक्र का पालन करता है। संभव है कि वह दिन में सो सकता है तथा रात में जाग सकता है, अत: माँ को प्रारंभ में शिशु के चक्र के अनुसार सामंजस्य स्थापित करना चाहिए। प्रारंभ में शिशु 16 से 18 घंटे सोता है। धीरे-धीरे यह शयन-अवधि कम हो जाती है। शिशु को सोने से पूर्व पर्याप्त दुग्धपान अवश्य करा दें तथा उसके सोने के स्थान पर आरामदायक व्यवस्था अवश्य कर दें।

जन्म के समय शिशु की गर्भनाल को भी ध्यान में रखा जाना आवश्यक है। प्रारंभिक सप्ताहों में गर्भनाल को सूखा तथा साफ रखना अनिवार्य है। इसे हलके गुनगुने पानी से साफ करना चाहिए तथा इसे खुली हवा में रखना चाहिए। गर्भनाल की खराब देखभाल शिशु को संक्रमित कर सकती है।

शिशु के सिर की त्वचा का भी विशेष ध्यान रखना आवश्यक है। शिशु के सिर तथा बालों को गर्भनाल के गिरने के बाद ही धोना चाहिए। सिर तथा बालों को सप्ताह में दो बार ही धोना चाहिए। शिशु को स्नान कराते समय कमरे को गरम रखना चाहिए। स्नान हेतु पानी भी हलका गुनगुना रखना चाहिए। शिशु को बहुत अधिक देर नहीं नहलाना चाहिए। शिशु को स्नान कराते समय स्थानीय मौसम का भी विशेष ध्यान रखना आवश्यक है। स्थानीय तापमान तथा मौसम की दशाओं के आधार पर ही स्नान कराना उचित है। स्नान कराने से पूर्व नाखून आदि कटे होने चाहिए तथा शिशु के कपड़े, तौलिया आदि पहले से यथास्थान रखे होने चाहिए। शिशु के स्नान के संबंध में चिकित्सक से परामर्श भी कर लें, यदि शिशु ने निर्धारित अवधि से पूर्व जन्म लिया हो तो स्पंज स्नान भी करा सकते हैं।

स्नान के पश्चात् शिशु की मालिश करते समय सावधानियाँ बरतना आवश्यक है। यहाँ मालिश से तात्पर्य शिशु को वात्सल्यपूर्ण स्पर्श देना अधिक है,

क्योंकि स्पर्श शिशु के विकास के लिए अत्यधिक महत्त्वपूर्ण है। शिशु की मालिश करनेवाले व्यक्ति के नाखून कटे हुए होने चाहिए तथा उसे अँगूठी, कड़ा, घड़ी आदि भी उतार देने चाहिए। मालिश का समय लगभग 15 मिनट तक हो सकता है। यह भी ध्यान रखें कि शिशु जागा हुआ हो तथा सक्रिय अवस्था में हो। मालिश सिर से पैर तक पूरे शरीर की की जानी चाहिए। मालिश बहुत ही हलके हाथों से की जानी चाहिए। मालिश करते समय मौसम का ध्यान अवश्य रखें। गरमियों में स्नान से पूर्व तथा सर्दियों में स्नान के पश्चात् मालिश करना ठीक रहता है। सरसों, जैतून अथवा किसी अन्य प्रकार के तेल के स्थान पर नारियल तेल, सूरजमुखी का तेल मालिश के लिए अधिक उपयोगी है।

शिशु की देखभाल

जैसा कि अध्याय के प्रारंभ में ही प्रथम 1000 दिनों के महत्त्व पर चर्चा की गई है, अतः अब शिशु के बौद्धिक विकास का सर्वाधिक महत्त्वपूर्ण काल प्रारंभ होता है। भारत सरकार के स्वास्थ्य एवं परिवार कल्याण मंत्रालय ने राष्ट्रीय बाल स्वास्थ्य कार्यक्रम के अंतर्गत जन्म से दो वर्ष तक के शिशु के विकास को निम्नांकित चरणों में विभाजित किया है—

1. जन्म से तीन माह तक
2. चार माह से छह माह तक
3. सात माह से नौ माह तक
4. दस माह से बारह माह तक
5. तेरह माह से अठारह माह तक
6. अठारह माह से चौबीस माह तक

इन सभी चरणों में शिशु की गतिविधियों का विशेष ध्यान रखा जाना चाहिए, क्योंकि शिशु की गतिविधियाँ तथा माता-पिता एवं देखभाल करनेवाले के इस अवधि में किए जानेवाले सहयोग के द्वारा ही शिशु का मानसिक एवं बौद्धिक विकास होता है, साथ ही शिशु की सुरक्षा भी रहती है।

प्रथम चरण (जन्म से तीन माह तक) : इस अवधि में शिशु चेहरों को पहचानना आरंभ कर देता है। शिशु सामान्य रूप से श्वेत-श्याम रंगों को अधिक

पहचानता है। वह लोगों को देखकर मुसकराना भी प्रारंभ कर देता है। वह माँ की आवाज भी पहचानने लगता है तथा उसकी आवाज पर प्रतिक्रिया भी देना प्रारंभ कर देता है। वह दुग्धपान कर लेने तथा प्रसन्न होने पर स्वर भी निकालता है तथा हिलती हुई वस्तुओं को देखने का प्रयास करता है। तेज आवाज पर रोने की प्रतिक्रिया भी देता है, वह अपने हाथ-पैर तथा सिर की गतिविधियों को प्रारंभ कर देता है।

यह अवधि शिशु के साथ बात करने के लिए भी महत्त्वपूर्ण है। शिशु के सक्रिय होने पर उससे बात करने, स्पर्श करने तथा उसके साथ खेलने से उसका बौद्धिक विकास सकारात्मक रूप से प्रभावित होता है। इस दौरान उसे कविता, गीत, कहानी आदि सुनाएँ। शिशु के आवाज निकालने पर प्रतिक्रिया अवश्य दें, जिससे वह बोलने हेतु तथा उत्तर देने हेतु प्रोत्साहित हो। शिशु के रोने पर उसे सामान्य करने का प्रयास करें तथा आलिंगन करें, जिससे उसे सुरक्षा की अनुभूति हो। शिशु के हाथ-पैर हिलाने पर उसे प्रोत्साहित करें तथा उसके आसपास खिलौने रखें, जिससे वह उनको पकड़ने तथा लेने का प्रयास करे।

इस महत्त्वपूर्ण अवधि में शिशु की गतिविधियों तथा विकास के संबंध में चिकित्सक से अवश्य बात करते रहें। यदि शिशु मुसकरा नहीं रहा है, यदि शिशु दृष्टि संपर्क नहीं कर रहा है, यदि वह दो माह होने के पश्चात् भी प्रतिक्रिया नहीं दे रहा है, यदि तेज आवाज पर रो नहीं रहा है, अकड़ रहा है अथवा उसके हाथों अथवा पैरों की स्थिति सामान्य नहीं है तो अवश्य चिकित्सक से परामर्श करें।

शिशु का झूला जहाँ तक संभव हो सके, माँ की सूती धोती से बनाया जाना चाहिए, क्योंकि इसकी गंध आदि से शिशु को माँ के गर्भ की अनुभूति होती है, जिससे वह आराम और सुरक्षा की अनुभूति करता है। शिशु के आसपास रंगीन खिलौने आदि भी रखें, जिससे वह उन खिलौनों को भी देखे। आवाज करनेवाले खिलौनों के प्रति शिशु की प्रतिक्रिया का अवलोकन करें।

द्वितीय चरण (चार माह से छह माह तक) : इस अवधि में शिशु की गतिविधियाँ तथा भाव-भंगिमाएँ तीव्र गति से परिवर्तित होती हैं। वह बाह्य जगत् के साथ संबंध स्थापित करता है। इस अवधि में शिशु अपने चेहरे से मुसकराहट आदि भाव-भंगिमाएँ प्रदर्शित करता है। वह खिलौनों को हाथ से पकड़ने का

प्रयास करता है, अब वह हिलती हुई वस्तुओं के साथ दृष्टि संपर्क स्थापित करने का प्रयास करता है। वह सिर को स्थिर करने का प्रयास भी करता है। वह पेट के बल लेटे होने पर आगे खिसकने का भी प्रयास करता है। वह परिचित व्यक्तियों के साथ प्रतिक्रिया देना भी प्रारंभ करता है। वह आवाज भी निकालने का प्रयास करता है।

यही समय है, जब आपको शिशु के साथ वार्त्तालाप करना चाहिए। उसके सोने तथा दुग्धपान का एक समय निर्धारित करने का प्रयास करें। शिशु को चित्र, खिलौने, कहानी आदि भी सुनानी तथा दिखानी चाहिए। शिशु को घर से बाहर ले जाना चाहिए तथा उसे बाह्य जगत् की वस्तुओं से परिचय का अवसर देना चाहिए। शिशु के आसपास सुरक्षित तथा आकर्षक वस्तुओं एवं खिलौनों को रखना चाहिए, क्योंकि शिशु न सिर्फ उन वस्तुओं तथा खिलौनों को देखेगा, बल्कि उन तक पहुँचने का प्रयास भी करेगा।

यदि शिशु में उपर्युक्त लक्षण दिखाई नहीं पड़ते हैं अथवा वह कोई असहज गतिविधि प्रदर्शित करता है तो चिकित्सक का परामर्श अवश्य लें। इस अवधि में चिकित्सक के चार्ट के अनुसार समयबद्ध टीकाकरण अवश्य कराएँ। छह माह की अवधि तक शिशु को माँ के दूध पर ही आश्रित रहना चाहिए। अनेक विशेषज्ञों का मत है कि इस अवधि तक शिशु को बाहर का पानी भी देना उचित नहीं है।

तीसरा चरण (सातवें माह से नौवें माह तक) : इस अवधि में शिशु की गतिविधि में महत्त्वपूर्ण परिवर्तन होते हैं। वह दोनों ओर करवट लेने का प्रयास करता है। वह अपने हाथों से खिलौना पकड़ता है। आवाज के स्रोत को खोजने का प्रयत्न करता है। नाम बुलाने पर प्रतिक्रिया देता है। गोद में लेने हेतु हाथ फैलाता है। अपरिचितों से दूर भागता है।

शिशु के साथ खेलते समय उपर्युक्त लक्षणों के प्रदर्शन हेतु प्रयास करें। शिशु के द्वारा स्वर निकालने पर प्रतिक्रिया अवश्य दें। शिशु के लक्षणों के आधार पर छुपकर आवाज करें तथा उसे खोजने का प्रयास करने दें। उसके प्रिय खिलौने को कपड़े के नीचे छुपाकर उसे खोजने का प्रयास करने दें।

चौथा चरण (दसवें माह से बारहवें माह तक) : इस अवधि में शिशु बिना सहारा लिये बैठना प्रारंभ कर देता है। वह अपने मनपसंद खिलौने तक

पहुँचने का प्रयास करता है। वह एक हाथ से दूसरे हाथ में वस्तुओं को ले जाना प्रारंभ कर देता है। छुपे हुए खिलौनों को खोजना प्रारंभ कर देता है। वह अपनी इच्छाओं को संकेतों के माध्यम से प्रकट करना प्रारंभ कर देता है। वह भाव-भंगिमाओं की नकल करने का प्रयास करता है।

इस दौरान शिशु को चलने तथा खड़े होने के लिए प्रोत्साहित करें। गलती होने अथवा गिरने पर शिशु को डाँटें नहीं। शिशु जानना चाहता है, अतः उसे प्रोत्साहित करें। शिशु अपने माता-पिता की नकल करता है, अतः शिशु को सिखाने तथा उसकी जिज्ञासाओं का समाधान करने का प्रयास करें।

पाँचवाँ चरण (तेरहवें माह से अठारह माह तक) : अब शिशु स्वयं थोड़ी दूर तक चलना प्रारंभ कर देता है। अनेक स्वाभाविक भाव-भंगिमाएँ प्रदर्शित करता है। वह अपनी रुचि के अनुसार खिलौना लेना प्रारंभ कर देता है। वह स्वयं कटोरी अथवा गिलास से पानी आदि पीना प्रारंभ कर देता है। वह अपने हाथों से खाने का प्रयास करता है। वह शब्दों को बोलने का भी प्रयास करता है। इस दौरान शिशु को सामान्य प्रश्न पूछने, खिलौना तथा वस्तु लेने के लिए प्रोत्साहन करें। उसे एक सुरक्षित तथा वात्सल्यपूर्ण वातावरण प्रदान करें। उसके प्रयासों की सराहना करें।

छठा चरण (अठारह माह से चौबीस माह तक) : इस अवधि में शिशु अनेक सामान्य गतिविधियाँ प्रदर्शित करने लगता है। वह अनेक कार्यों की नकल करता है। वह वस्तुओं को पकड़ने का प्रयास करता है, अतः बहुत आवश्यक है कि शिशु की सुरक्षा हेतु विशेष ध्यान रखा जाए। शिशु को ठंडे तथा गरम की अनुभूति कराएँ, जिससे वह अपनी सुरक्षा के प्रति सचेत हो।

उपर्युक्त लक्षणों का गहन अवलोकन करें तथा अस्वाभाविक लक्षण होने पर चिकित्सक से परामर्श लेना न भूलें।

पूरक तथा प्रारंभिक आहार

सातवें माह से दो वर्ष की आयु तक शिशु की गतिविधियों का विकास तीव्र गति से होता है तथा सातवें माह से शिशु को पूरक आहार की आवश्यकता होती है, क्योंकि अब माँ के दूध मात्र से उसकी आवश्यकता पूर्ण नहीं होती है।

राष्ट्रीय बाल स्वास्थ्य कार्यक्रम के अनुसार उपयुक्ततम पोषण हेतु पूरक आहार के संबंध में निम्नांकित चार बिंदुओं को आधार रूप में प्रयोग करना चाहिए—

1. समयबद्धता, अर्थात् समय के अनुसार आहार प्रदान किया जाए।
2. पर्याप्तता, अर्थात् आहार की मात्रा संतुलित एवं पर्याप्त हो।
3. उपयुक्तता, अर्थात् स्वाद, रंग, गंध आदि शिशु के अनुरूप हो।
4. सुरक्षा, अर्थात् स्वास्थ्य के लिए लाभकारी हो।

शिशु को पूरक आहार प्रदान करते समय निम्नांकित बिंदुओं का ध्यान रखना आवश्यक है—

1. शिशु को पूरक आहार देते समय भी दो वर्ष की आयु तक माँ का दूध भी पीने देना चाहिए।
2. आहार में विभिन्न रंगों, स्वाद तथा वस्तुओं को सम्मिलित करें।
3. स्वच्छता का ध्यान रखते हुए आहार को तैयार किया जाए।
4. आहार की मात्रा तथा ठोस स्वरूप को धीरे-धीरे ही बढ़ाना चाहिए।
5. शिशु को कम नमक, चीनी तथा मसालों से निर्मित आहार देना चाहिए।
6. शिशु को पूरक आहार तभी प्रदान करें, जब वह पूर्ण रूप से सक्रिय हो तथा आपके पास पर्याप्त समय हो।
7. आहार ग्रहण करते समय शिशु को टेलीविजन, मोबाइल तथा टैबलेट जैसे यंत्र प्रदान न करें। उसे आहार का स्वाद, गंध आदि की अनुभूति प्राप्त होने दें।
8. आहार देने से पूर्व यह सुनिश्चित कर लें कि वह बहुत ठंडा अथवा बहुत गरम न हो।
9. एक बार में एक ही नवीन आहार खिलाएँ, जिससे शिशु उस आहार का आनंद ले सके तथा उस आहार के प्रति उसकी रुचि उत्पन्न हो।
10. शिशु को चम्मच से खिलाते समय प्रतीक्षा करें तथा उसे मुँह खोलने तथा चम्मच को पकड़ने का अवसर प्रदान करें।
11. शिशु की आयु के साथ उसके आहार में वैविध्य तथा पोषण की पूर्ति भी सुनिश्चित करें, जिससे उसका विकास उपयुक्त ढंग से हो।

12. शिशु को आहार देते समय आहार समाप्त करने पर जोर न डालें।
13. शिशु को नट्स, जैसे मूँगफली, बादाम, काजू आदि साबुत न खिलाएँ, बल्कि पाउडर बनाकर खिलाएँ।
14. एक वर्ष से पूर्व शहद बिल्कुल न दें, क्योंकि शहद में बैक्टीरिया हो सकते हैं, जो शिशु को नुकसान पहुँचा सकते हैं।
15. अपाश्चुरीकृत दूध भी शिशु को न दें।
16. अंडे आदि पूर्णरूप से उबालकर ही खिलाएँ।
17. शिशु बालक हो अथवा बालिका, दोनों को एक समान आहार की आवश्यकता होती है।
18. शिशु को आहार कराने से पूर्व हाथ अवश्य धोएँ तथा शिशु के हाथ भी साफ कराएँ।
19. आहार में स्थानीय उपलब्धता, सांस्कृतिक स्वीकार्यता का भी ध्यान रखना आवश्यक है।

शिशु को छह माह के पश्चात् पूरक आहार प्रदान करते समय निम्नांकित तीन वर्गों में विभाजित किया जा सकता है—

1. सातवें माह के प्रारंभ से नौ माह तक
2. दसवें माह के प्रारंभ से बारह माह तक
3. बारहवें माह के पश्चात्।

सातवें माह के प्रारंभ से नौ माह तक

इस अवधि में शिशु को तरल आहार ही दिया जाना चाहिए। शिशु को प्रदान किए जानेवाले आहार को सर्वप्रथम उपयुक्त एवं पर्याप्त रूप से पकाया जाए तथा उसके पश्चात् उसे तरल रूप में परिवर्तित कर दिया जाए। प्रारंभ में शिशु को पालक, कद्दू आदि का तरल दिया जाए। इसके पश्चात् फलों, जैसे केला, गाजर, सेब तथा तत्पश्चात् दाल का पानी तथा पेस्ट भी शिशु को देना प्रारंभ करें। आठवें तथा नौवें माह में आलू तथा हरी पत्तेदार सब्जियों से निर्मित खिचड़ी भी शिशु को खिलाना प्रारंभ करें। शिशु को आहार देते समय यह भी ध्यान रखें कि उसके आहार में भोजन के प्रत्येक वर्ग फल, सब्जी, अनाज, दूध, दाल, दुग्ध उत्पाद, अंडे आदि हैं कि नहीं।

यहाँ यह ध्यान अवश्य रखें कि शिशु को समस्त आहार तरल स्वरूप में ही दिए जाएँ।

दसवें माह के प्रारंभ से बारह माह तक

यह अवधि पूरक आहार की दृष्टि से सर्वाधिक महत्त्वपूर्ण है। इसी समय शिशु को अर्ध ठोस तथा धीरे-धीरे ठोस आहार देना प्रारंभ किया जाता है। वास्तविक रूप में शिशु को बाहर का आहार दिया जाना आरंभ होता है। इस समय आहार देने के पश्चात् यह भी ध्यान अवश्य दें कि शिशु को किसी प्रकार की एलर्जी तो नहीं हो रही है। शिशु को दिन में तीन आहार देना सुनिश्चित करें तथा इन आहारों में प्रत्येक आहार वर्ग अनाज, प्रोटीन, फल, सब्जी, दुग्ध उत्पाद, वसा आदि सम्मिलित हों। शिशु को हाथ में पकड़कर खानेवाले फल देना प्रारंभ करें।

बारहवें माह के पश्चात्

बारहवें माह के पश्चात् शिशु को सामान्य आहार देना प्रारंभ किया जाता है, किंतु उसका स्वरूप अभी भी शिशु के अनुरूप होना चाहिए। शिशु को परिवार में बना एक कटोरी भोजन दिया जा सकता है, किंतु वह बारीक कटा हुआ अथवा तरल स्वरूप में हो। शिशु की पाचन शक्ति को ध्यान में रखते हुए शिशु को एक से दो बार हलका आहार भी दिया जाना चाहिए। यह भी महत्त्वपूर्ण है कि शिशु को दो वर्ष की आयु तक माँ का दूध पीने देने से रोकना नहीं चाहिए।

टीकाकरण

शिशु के स्वास्थ्य की सुरक्षा हेतु जन्म से ही टीकाकरण अत्यंत आवश्यक है। माता-पिता को शिशु के जन्म से ही चिकित्सक की निगरानी में टीकाकरण प्रारंभ कर देना चाहिए। टीकाकरण के संबंध में निम्नांकित तथ्य महत्त्वपूर्ण हैं—

1. शिशु के जन्म के समय ओ.पी.वी. (ओरल पोलियो वैक्सीन), हेपेटाइटिस-बी, बी.सी.जी. के टीके दिए जाने चाहिए। ओ.पी.वी. पोलियो से, हेपेटाइटिस-बी पीलिया (लिवर संबंधी रोग) से तथा बी.सी.जी. तपेदिक (ट्यूबरक्युलोसिस) से बचाव करता है।

2. शिशु के डेढ़ माह के होने पर पुनः ओ.पी.वी., रोटा वायरस वैक्सीन पी.सी.वी., पेंटावेलेंट वैक्सीन तथा आई.पी.वी. दिया जाना चाहिए। ओ.पी.वी. पोलियो से, रोटा वैक्सीन डायरिया से, पी.सी.वी. न्यूमोनिया तथा मेनिंजाइटिस से, पेंटावेलेंट डिप्थीरिया, काली खाँसी, टिटनेस तथा मेनिंजाइटिस से बचाव करता है।
3. शिशु के ढाई माह के होने पर पुनः ओ.पी.वी., रोटा वैक्सीन तथा पेंटावेलेंट वैक्सीन दी जाती है।
4. शिशु के साढ़े तीन माह का होने पर पुनः ओ.पी.वी., रोटा वैक्सीन, पी.सी.वी., पेंटावेलेंट वैक्सीन तथा आई.पी.वी. दिलवाना सुनिश्चित करें।
5. शिशु के नौ माह का होने पर पी.सी.वी., विटामिन 'ए' की कमी से उत्पन्न होनेवाली अंधता, मीजल्स, रूबेला तथा जापानी इंसेफेलाइटिस से बचाव हेतु टीकाकरण किया जाता है।
6. शिशु के अठारह माह का होने पर ओ.पी.वी., विटामिन 'ए', मीजल्स, रूबेला, जापानी इंसेफेलाइटिस तथा डी.पी.टी. बूस्टर प्रदान किया जाता है।
7. शिशु के चौबीस माह का होने पर अंधता से बचाव हेतु विटामिन 'ए' दिया जाता है। इसके पश्चात् भी पाँच वर्ष की आयु तक 6 माह के अंतराल पर यह पुनः-पुनः दिया जाना चाहिए।

टीकाकरण के दौरान निम्नांकित अस्वाभाविक लक्षण दिखाई देने पर तत्काल चिकित्सक से परामर्श करें—

1. चुप कराने पर भी शिशु रोना बंद न करे।
2. त्वचा में ठंडापन अनुभव हो।
3. आलस्य या निष्क्रियता प्रदर्शित करे।
4. स्वर में धीमापन आए।
5. निद्रा की अवधि में वृद्धि हो जाए।
6. उच्च स्वर निरंतर बना रहे।
7. स्तनपान में रुचि न ले।

8. हथेली तथा तलवों में पीलापन दिखाई दे।
9. मल में रक्त आए।
10. श्वास लेने में परेशानी हो।

किंतु सामान्य परिस्थितियों में विचलित न हों। टीकाकरण के पश्चात् सामान्य रोना, हलका बुखार, चिड़चिड़ापन तथा टीके के स्थान पर हलकी सूजन सामान्य लक्षणों के अंतर्गत आते हैं। चिकित्सक टीकाकरण के समय आपको अवगत करा देंगे कि अमुक टीके के पश्चात् शिशु को बुखार आने की संभावना है। यदि शिशु को बुखार आता है तो उसे अत्यधिक कपड़े अथवा गरम कपड़े न पहनाएँ, उसे पर्याप्त तरल पदार्थ दें, उसे स्पंज दें, दवा चिकित्सक से सलाह लेकर दें।

अतः गर्भधारण से लेकर दो वर्ष तक की आयु शिशु के विकास की सर्वाधिक महत्त्वपूर्ण अवधि है, अतः इस अध्याय में प्रदान की गई जानकारी को चिकित्सक से परामर्श लेकर तथा अपने शरीर की एलर्जी के लक्षणों को ध्यान में रखते हुए प्रयोग करें तथा माँ एवं शिशु को बेहतर भविष्य प्रदान करें।

अभ्यास प्रश्न

1. शिशु के मस्तिष्क का सर्वाधिक विकास कब होता है?
   (क) गर्भावस्था के दौरान (ख) 3 माह में
   (ग) एक माह में (घ) एक सप्ताह का होने पर
2. गर्भधारण से पूर्व निम्नांकित में से किन बिंदुओं को ध्यान में रखना आवश्यक है?
   (क) स्त्री की आयु कम-से-कम 18 वर्ष से अधिक हो।
   (ख) स्त्री का हीमोग्लोबिन स्तर 12 ग्राम प्रति डेसीलीटर से कम न हो।
   (ग) स्त्री का संपूर्ण स्वास्थ्य परीक्षण अवश्य करा लिया गया हो।
   (घ) उपर्युक्त सभी
3. गर्भधारण करनेवाली स्त्री के आहार चार्ट के संबंध में सत्य है/हैं—
   (क) चाय अथवा कॉफी के सेवन से बचें।
   (ख) दिन में दस से बारह गिलास पानी पिएँ।
   (ग) ओमेगा-3 तथा ओमेगा-6 वसीय अम्लों की निर्धारित मात्रा अवश्य ग्रहण करें।
   (घ) उपर्युक्त सभी
4. गर्भवती स्त्री हेतु फॉलिक एसिड की कितनी मात्रा आवश्यक है?
   (क) 100 माइक्रोग्राम
   (ख) 105 मिलीग्राम
   (ग) 400 माइक्रोग्राम
   (घ) इनमें से कोई नहीं
5. गर्भधारण करने से पूर्व तथा पश्चात् स्त्री को निम्न में से किन सावधानियों को बरतना आवश्यक है?
   (क) धूम्रपान तथा धूम्रपान करनेवाले व्यक्तियों से बचें।
   (ख) कीटनाशकों से दूर रहें।
   (ग) मच्छर, कॉकरोच आदि को भगानेवाले रसायनों से बचें।
   (घ) उपर्युक्त सभी

6. गर्भवती स्त्री को घरेलू हिंसा की स्थिति में क्या नहीं करना चाहिए ?
   (क) घरेलू हिंसा की परिस्थितियों में शांत रहें।
   (ख) स्थानीय महिला सहायता केंद्र से संपर्क करें।
   (ग) विश्वसनीय व्यक्ति अथवा आशा से संपर्क करें।
   (घ) सुरक्षा हेतु स्थान छोड़ने में संकोच न करें।
7. गर्भस्थ शिशु के लिंग निर्धारण हेतु उत्तरदायी हैं—
   (क) माँ (ख) पिता
   (ग) दोनों (घ) दोनों में से कोई नहीं
8. क्या गर्भस्थ शिशु का लिंग किसी दवा अथवा युक्ति से गर्भ में ही परिवर्तित किया जा सकता है ?
   (क) हाँ
   (ख) नहीं
   (ग) कहा नहीं जा सकता
   (घ) इनमें से कोई नहीं
9. शिशु के मस्तिष्क विकास हेतु निम्न में से कौन सा/से खनिज आवश्यक हैं ?
   (क) आयोडीन (ख) विटामिन 'बी12'
   (ग) आयरन (घ) उपर्युक्त सभी
10. गर्भस्थ शिशु के अस्थि विकास में सहायक है—
   (क) विटामिन 'डी' (ख) ओमेगा-3
   (ग) आयोडीन (घ) इनमें से कोई नहीं
11. गर्भवती स्त्री को प्रतिदिन आयोडीन की आवश्यकता होती है—
   (क) 110 माइक्रोग्राम (ख) 220 माइक्रोग्राम
   (ग) 300 माइक्रोग्राम (घ) 400 माइक्रोग्राम
12. निम्नांकित में से आयोडीन के स्रोत हैं—
   (क) पालक (ख) दूध
   (ग) आयोडीनयुक्त नमक (घ) उपर्युक्त सभी

13. निम्नांकित में से फॉलिक एसिड का स्रोत नहीं है—
    (क) पालक (ख) भिंडी
    (ग) संतरा (घ) गुड़

14. निम्नांकित में से विटामिन 'बी12' का स्रोत नहीं है—
    (क) मूँगफली (ख) पालक
    (ग) दूध (घ) मछली

15. आहार ग्रहण करते समय गर्भवती स्त्री को कौन-कौन सी सावधानी रखनी चाहिए—
    (क) कच्चा अथवा अधपके अंडे को खाने से बचना चाहिए।
    (ख) दो घंटे से अधिक रखा हुआ भोजन करने से बचें।
    (ग) डिब्बा बंद भोजन तथा फास्ट फूड खाने से बचें।
    (घ) उपर्युक्त सभी

16. निम्नांकित में से गर्भवती स्त्री के लिए उपयोगी व्यायाम हेतु ध्यान रखने योग्य तथ्य हैं—
    (क) आरामदायक तथा ढीले वस्त्र पहनें।
    (ख) गरम तथा आर्द्रतायुक्त वातावरण में व्यायाम न करें।
    (ग) व्यायाम से पूर्व तथा पश्चात् पर्याप्त आराम अवश्य करें
    (घ) उपर्युक्त सभी

17. गर्भवती स्त्री की निद्रा के संबंध में ध्यान रखने योग्य आवश्यक है—
    (क) रात्रि में आठ घंटे की निद्रा अवश्य लें।
    (ख) दिन में दो घंटे अवश्य विश्राम करें।
    (ग) बाईं ओर करवट लेकर सोएँ।
    (घ) उपर्युक्त सभी

18. निम्नांकित में से सुमेलित नहीं है—
    (क) प्रथम तिमाही—तेरहवें सप्ताह तक।
    (ख) द्वितीय तिमाही—चौदहवें से सत्ताइसवें सप्ताह तक।
    (ग) तृतीय तिमाही—अट्ठाइसवें से चालीसवें सप्ताह तक।
    (घ) चतुर्थ तिमाही—इकतालीसवें सप्ताह से जन्म तक।

19. गर्भस्थ शिशु के चेहरे तथा गतिविधि का विकास किस माह से प्रारंभ होता है ?
    (क) द्वितीय माह
    (ख) तृतीय माह
    (ग) चतुर्थ माह
    (घ) प्रथम माह
20. अंगुलियों के नाखून तथा बालों का विकास गर्भ के किस माह से प्रारंभ होता है—
    (क) तृतीय माह
    (ख) चतुर्थ माह
    (ग) पंचम माह
    (घ) इनमें से कोई नहीं
21. माँ को गर्भस्य शिशु की गतिविधियों की अनुभूति कब से होने लगती है ?
    (क) प्रथम तिमाही
    (ख) द्वितीय तिमाही
    (ग) तृतीय तिमाही
    (घ) प्रसव के बाद
22. निम्नांकित में से प्रसव से पूर्व ध्यान रखने योग्य बिंदु हैं—
    (क) तनावरहित रहें।
    (ख) प्रसव स्वतः प्रारंभ होने दें।
    (ग) प्रसव पीड़ा प्राय: निरंतरता के साथ प्रारंभ होती है।
    (घ) उपर्युक्त सभी
23. भारत सरकार ने गर्भधारण की पुष्टि हेतु जो किट निकाली है, उसका नाम है—
    (क) पुष्टि (ख) निर्णय
    (ग) गर्भ (घ) निश्चय

24. प्रसव के उपरांत प्रथम दो-तीन घंटे तक निम्नांकित में से किन बातों का ध्यान रखना आवश्यक है—
(क) माँ को सहायता करें।
(ख) किसी भी प्रकार के रक्तस्राव का ध्यान रखें।
(ग) श्वास तथा रक्तदाब का निरंतर निरीक्षण करें।
(घ) उपर्युक्त सभी

25. माँ के दूध में पाया जानेवाला कौन सा तत्त्व प्राकृतिक वैक्सीन की भाँति माना जाता है—
(क) राइबोफिन (ख) कोलोस्ट्रम
(ग) आइसोक्विन (घ) प्रोथ्रोम्बिन

26. निम्नांकित में से सत्य है—
(क) प्रसव के पश्चात् माँ तथा शिशु के लिए प्रथम 4-8 घंटे बहुत महत्त्वपूर्ण होते हैं।
(ख) स्तनपान हेतु आहार में अतिरिक्त कैलोरी को बढ़ाएँ।
(ग) जन्म के तत्काल बाद टीकाकरण न कराएँ।
(घ) माँ तथा शिशु में अस्वाभाविक लक्षण दिखने पर चिकित्सीय परामर्श लें।

27. नवजात शिशु के कपड़े होने चाहिए—
(क) सूती (ख) रेशमी
(ग) ऊनी (घ) मलमल

28. नवजात शिशु के रक्षात्मक आवरण का कार्य करता है—
(क) दालें (ख) स्तनपान
(ग) नमक (घ) चीनी

29. निम्नांकित में से शिशु कौन सा/से संकेत करता है—
(क) वह असहज होता है।
(ख) वह अपनी उँगलियों को चूसता है।
(ग) वह आवाज निकालेगा।
(घ) उपर्युक्त सभी

30. निम्नांकित में से कौन सा/से टीके शिशु को प्रथम दिन दिए जाते हैं—
(क) पोलियो (ख) बी.सी.जी.
(ग) हेपेटाइटिस-बी (घ) उपर्युक्त सभी

31. शिशु को जन्म के एक घंटे के भीतर किस विटामिन का टीका दिया जाता है—
(क) विटामिन 'बी12' (ख) विटामिन 'डी'
(ग) विटामिन 'के1' (घ) विटामिन 'सी'

32. नवजात शिशु रोकर निम्नांकित में से क्या-क्या संकेत दे सकता है—
(क) वह तनाव दूर करता है (ख) वह सहायता माँग रहा है
(ग) वह गीले वस्त्र पर लेटा है (घ) उपर्युक्त सभी

33. गर्भनाल की सुरक्षा देखभाल के संबंध में सत्य नहीं है—
(क) गर्भनाल को हलके गुनगुने पानी से साफ करना चाहिए।
(ख) गर्भनाल को हवा में खुला रखना चाहिए।
(ग) गर्भनाल को ठंडे पानी से साफ करना चाहिए।
(घ) गर्भनाल को सूखा रखना चाहिए।

34. नवजात शिशु को स्नान कराते समय ध्यान रखना चाहिए—
(क) स्नान गुनगुने पानी से कराना चाहिए।
(ख) स्नान कक्ष का तापमान सामान्य से अधिक होना चाहिए।
(ग) स्नान पाँच मिनट से अधिक अवधि का नहीं होना चाहिए।
(घ) उपर्युक्त सभी।

35. नवजात शिशु की मालिश हेतु सर्वाधिक उपयुक्त तेल है—
(क) सरसों (ख) जैतून
(ग) नारियल (घ) इनमें से कोई नहीं

36. शिशु के जन्म से तीन माह की आयु के मध्य के विषय में सत्य है—
(क) वस्तुओं के हिलने पर दृष्टि घुमाता है।
(ख) लोगों को देखकर मुसकराता है।
(ग) श्वेत-श्याम रंगों की पहचान करता है।
(घ) उपर्युक्त सभी

37. निम्नांकित में से किस परिस्थिति में तत्काल चिकित्सक से संपर्क करना चाहिए—
   (क) यदि वह दृष्टि संपर्क स्थापित नहीं कर रहा है।
   (ख) यदि वह अकड़ रहा है।
   (ग) वह माँ की आवाज पर प्रतिक्रिया नहीं दे रहा है।
   (घ) उपर्युक्त सभी
38. निम्नांकित में से शिशु के लिए हानिकारक नहीं है—
   (क) एक वर्ष की आयु के पश्चात् शहद पिलाना।
   (ख) नवजात शिशु की आँखों में काजल लगाना।
   (ग) जन्म के पश्चात् कुछ दिनों तक स्तनपान न कराना।
   (घ) नाक तथा कान में तेल डालना।
39. शिशु को जन्म के पश्चात् कितने माह तक मात्र माँ का दूध ही पिलाना चाहिए—
   (क) 3 माह (ख) 6 माह
   (ग) 9 माह (घ) 12 माह
40. यदि शिशु को बुखार है तो निम्नांकित में से किन बातों का ध्यान रखना आवश्यक है—
   (क) शिशु को बहुत अधिक कपड़े अथवा गरम कपड़े न पहनाएँ।
   (ख) शिशु को सामान्य ठंडा द्रव पान कराएँ।
   (ग) शिशु को स्पंज करें तथा पंखा चलाएँ।
   (घ) उपर्युक्त सभी
41. शिशु के आहार में सामान्य रूप से सम्मिलित नहीं होना चाहिए—
   (क) शहद
   (ख) कच्चा अंडा
   (ग) अपाश्चुरीकृत दूध
   (घ) उपर्युक्त सभी

42. शिशु को भोजन कराते समय ध्यान रखने योग्य बातें हैं—
    (क) शिशु द्वारा छोड़े गए भोजन को खाने का दबाव न बनाएँ।
    (ख) शिशु को उसकी रुचि का भोजन दें।
    (ग) शिशु के खाते समय सकारात्मक वातावरण बनाएँ।
    (घ) उपर्युक्त सभी
43. शिशु को ठोस आहार देने का उपयुक्त समय है—
    (क) तीन माह (ख) छह माह
    (ग) बारह माह (घ) इनमें से कोई नहीं
44. रोटा वायरस का टीका शिशु को किस रोग से सुरक्षित रखता है—
    (क) डायरिया (ख) कोरोना
    (ग) हेपेटाइटिस-बी (घ) टिटनेस
45. शिशु को पोलियो रोग से बचाव हेतु प्रारंभिक खुराक का समय है—
    (क) जन्म के समय
    (ख) छठवें सप्ताह में
    (ग) दसवें सप्ताह में
    (घ) चौदहवें सप्ताह में
46. विटामिन 'ए' की कितनी खुराक शिशु को प्रदान की जाती हैं—
    (क) तीन (ख) पाँच
    (ग) नौ (घ) एक
47. हेपेटाइटिस-बी का टीका बचाव करता है—
    (क) पोलियो (ख) पीलिया
    (ग) अंधता (घ) इनमें से कोई नहीं
48. बी.सी.जी. का टीका किस रोग से सुरक्षा प्रदान करता है—
    (क) डायरिया
    (ख) टी.बी. या तपेदिक
    (ग) न्यूमोनिया
    (घ) मस्तिष्क ज्वर

49. टीकाकरण के पश्चात् निम्नांकित में से किन परिस्थितियों में तत्काल चिकित्सक से परामर्श करना चाहिए—
(क) निरंतर बुखार रहने पर
(ख) मल में रक्त आने पर
(ग) निरंतर चिड़चिड़ापन प्रदर्शित करने पर
(घ) उपर्युक्त सभी

50. गर्भधारण से लेकर शिशु के दो वर्ष का होने तक प्रत्येक निर्णय लेने से पूर्व निम्नांकित में से किसके संपर्क में रहना आवश्यक है—
(क) स्त्री रोग विशेषज्ञ
(ख) बालरोग विशेषज्ञ
(ग) 'क' तथा 'ख' दोनों
(घ) किसी के संपर्क में रहने की आवश्यकता नहीं है।

उत्तरमाला

1. (क), 2. (घ), 3. (घ), 4. (ग), 5. (घ), 6. (क), 7. (ख), 8. (ख), 9. (घ), 10. (क), 11. (ख), 12. (घ), 13. (घ), 14. (ख), 15. (घ), 16. (घ), 17. (घ), 18. (घ), 19. (ख), 20. (क), 21. (ख), 22. (घ), 23. (घ), 24. (घ), 25. (ख), 26. (ग), 27. (क), 28. (ख), 29. (घ), 30. (घ), 31. (ग), 32. (घ), 33. (ग), 34. (घ), 35. (ग), 36. (घ), 37. (घ), 38. (क), 39. (ख), 40. (घ), 41. (घ), 42. (घ), 43. (ग), 44. क, 45. (क), 46. (ग), 47. (ख), 48. (ख), 49. (घ), 50. (ग)।

□

इकाई–4

सामुदायिक स्वास्थ्य की अवधारणा

सामुदायिक स्वास्थ्य

जैसा कि आप जानते हैं, हम सब समाज के अंग हैं और समाज में एक साथ रहकर जीवनयापन करते हैं। समाज में एक साथ रहने की व्यवस्था के कारण ही इनके लिए कानून, सरकार और प्रशासन की व्यवस्था अस्तित्व में आई। समाज कई समुदायों से मिलकर बनता है और कई समाजों के लिए सरकारों एवं प्रशासन के कई स्तर होते हैं। विभिन्न लोगों के एक साथ रहने से ग्राम, नगर और महानगर बनते हैं, जिनका वृहत्तर स्वरूप जिले, राज्य और राष्ट्र होते हैं। इससे स्पष्ट है कि समुदायों के भी कई स्तर होते हैं और प्रत्येक स्तर पर निवास करनेवाले समुदायों के स्वास्थ्य की देखभाल के लिए लघु, दीर्घ और अति दीर्घ स्तरों पर कुछ विशेष व्यवस्थाएँ की जाती हैं, जिन्हें सामुदायिक स्वास्थ्य के अंतर्गत रखा जाता है। इसके लिए गाँव, कस्बे, शहर, महानगर, जिले, राज्य तथा राष्ट्रीय स्तर पर सरकारों द्वारा आम जनता के लिए अस्पताल, बिस्तर, दवाइयों, चिकित्सकों एवं अन्य सहयोगी स्टाफ की व्यवस्था की जाती है। कोरोना के वैश्विक संक्रमण के दौरान तथा इसके बाद विश्व भर में जारी टीकाकरण अभियान ने सामुदायिक स्वास्थ्य के महत्त्व की ओर समूचे विश्व का ध्यान खींचा है। इससे पहले हैजा, चेचक, पोलियो आदि अनेक रोगों के उन्मूलन में भी सामुदायिक स्वास्थ्य की महत्त्वपूर्ण भूमिका रही है। सामुदायिक स्वास्थ्य वस्तुतः एक समुदाय के सभी लोगों के स्वस्थ रहने हेतु किए गए प्रयास हैं।

विश्व स्वास्थ्य संगठन ने सामुदायिक स्वास्थ्य की परिभाषा देते हुए लिखा है, “सामुदायिक स्वास्थ्य के माध्यम से लोगों के शारीरिक एवं मानसिक

स्वास्थ्य को ठीक रखने के लिए सामाजिक, आर्थिक और पर्यावरणीय रूप से इस प्रकार प्रयास किए जाते हैं, जिनसे लोगों की आकांक्षाओं की पूर्ति हो और लोग विशिष्ट माहौल में अपनी सेहत की जरूरतों को पूरा कर सकें।"

एक व्यक्ति या समाज का शारीरिक दृष्टि से स्वस्थ और निरोगी रहना अत्यंत आवश्यक है, क्योंकि तभी वह समाज, राज्य और राष्ट्र की प्रगति में सक्रिय योगदान कर सकता है। इसके लिए सरकारों को कई तरह के कार्य करने होते हैं, जिनके द्वारा वह अपने देश अथवा राज्य की जनता को रोगमुक्त रखने का प्रयास करती हैं। अस्पताल खोलना और इससे जुड़ी व्यवस्थाएँ सुनिश्चित करना इसका सबसे महत्त्वपूर्ण अंग है, जिनके माध्यम से छोटी से बड़ी बीमारियों के इलाज की सुविधा प्रदान की जाती है, लेकिन कई बार बीमारियों को न होने देने के लिए जागरूक करने के उद्देश्य से जनता को विशेष टीकाकरण, दवाई पिलाना, कई बीमारियों से बचने के लिए क्या करें और क्या न करें, कोई आपात स्थिति आने पर प्राथमिक चिकित्सा कैसे करें आदि का प्रचार-प्रसार किया जाता है। इसके अतिरिक्त आजकल मोबाइल वैन, हेल्थ एक्सप्रेस जैसी ट्रेनों या ड्रोन के माध्यम से दूरस्थ और दुर्गम क्षेत्रों तक स्वास्थ्य सुविधाएँ पहुँचाई जाती हैं। वर्तमान में सामुदायिक स्वास्थ्य के अंतर्गत इन सेवाओं को भी गिना जाता है। 25 अक्तूबर, 2021 को प्रधानमंत्री नरेंद्र मोदी ने 'प्रधानमंत्री आयुष्मान भारत योजना', 'हेल्थ इंफ्रास्ट्रक्चर मिशन' की वाराणसी से शुरुआत की, जो सामुदायिक स्वास्थ्य के क्षेत्र में उठाया गया महत्त्वपूर्ण कदम है। इसके अंतर्गत एक राष्ट्रीय स्वास्थ्य संस्थान, 4 नए राष्ट्रीय विषाणु विज्ञान संस्थान, विश्व स्वास्थ्य संगठन (WHO या World Health Organization) के दक्षिण पूर्वी एशिया क्षेत्र के लिए क्षेत्रीय अनुसंधान मंच, पंद्रह जैव सुरक्षा प्रयोगशालाएँ, 5 नए क्षेत्रीय राष्ट्रीय रोग नियंत्रण केंद्र, 29,000 स्वास्थ्य एवं कल्याण केंद्र, देश के सभी जिलों में सघन चिकित्सा कक्ष (आई.सी.यू.), वेंटीलेटर, ऑक्सीजन सपोर्ट और पैथोलॉजी केंद्र तथा सूचना प्रौद्योगिकी के माध्यम से रोग निगरानी सुविधा की स्थापना जैसे कार्यक्रम संचालित किए जाएँगे। सामुदायिक स्वास्थ्य के बुनियादी ढाँचे को मजबूत करने के लिए यह अब तक की सबसे बड़ी योजना है।

सामुदायिक स्वास्थ्य के प्रमुख तत्त्व

- किसी स्थान विशेष की भौगोलिक आवश्यकताओं के अनुरूप किस प्रकार की सामुदायिक स्वास्थ्य सुविधाएँ मुहैया कराई जानी चाहिए, इसका पता लगाना। उदाहरण के लिए जिन इलाकों के पानी में फ्लोराइड की अधिकता है, वहाँ इससे संबंधित इलाज तथा इससे होनेवाली बीमारियों की रोकथाम करना सामुदायिक स्वास्थ्य सेवाओं की प्राथमिकता में आता है।
- जहाँ जिन संसाधनों की आवश्यकता है, वहाँ उन्हें मुहैया कराने के लिए कार्ययोजना बनाना, जैसे सामुदायिक स्वास्थ्य केंद्रों की स्थापना, मोबाइल क्लीनिक स्थापित करना, घर-घर दवाइयाँ पहुँचाना, मरीजों को घरों से अस्पताल तक पहुँचाने के लिए एंबुलेंस की सुविधा उपलब्ध कराना आदि।
- लोगों को बीमारियों के प्रति जागरूक करना और उन्हें इनकी रोकथाम के उपाय बताना तथा स्वस्थ जीवन जीने के उपायों के प्रति उनके ज्ञान में वृद्धि करना। महँगी आपातकालीन (Emergency) सेवाओं तथा अस्पताल में भर्ती होने से बचाने के लिए लोगों को स्वच्छता तथा उत्तम स्वास्थ्य हेतु आवश्यक गतिविधियों की जानकारी देना।
- लोगों को नियमित स्वास्थ्य जाँच अथवा हेल्थ चेकअप की सुविधा प्रदान करना, सामाजिक सहायता तथा परामर्श की सुविधा देना।
- लोगों को रियायती मूल्य पर अथवा नि:शुल्क चिकित्सा (शारीरिक और मानसिक) सुविधा उपलब्ध कराना।
- राज्य और राष्ट्र की स्वास्थ्य संबंधी नीति बनानेवालों को प्राथमिकता के क्षेत्रों की पहचान करने में सहयोग देना।

सामुदायिक स्वास्थ्य के प्रमुख लक्ष्य

- सामुदायिक स्वास्थ्य सेवाओं का उद्देश्य धनी-निर्धन, जाति-धर्म-संप्रदाय आदि का विभेद किए बगैर समाज के हर वर्ग तक नि:शुल्क अथवा न्यूनतम शुल्क में स्वास्थ्य सुविधाएँ प्रदान करना है। इसके

लिए सरकारें स्थानीय जनता की आवश्यकताओं को ध्यान में रखकर योजनाएँ बनाती हैं और तदनुरूप व्यवस्थाएँ की जाती हैं।

- सामुदायिक स्वास्थ्य का लक्ष्य लोगों को स्वस्थ और निरोगी रखने के लिए शारीरिक स्वास्थ्य और मानसिक स्वास्थ्य से जुड़ी सुविधाएँ उपलब्ध कराना है।
- सामुदायिक स्वास्थ्य का लक्ष्य लोगों को यह भी बताना है कि उनके उत्तम स्वास्थ्य और निरोगी जीवन के लिए स्थान विशेष में कौन सी सुविधाएँ कहाँ पर उपलब्ध हैं।
- सामुदायिक स्वास्थ्य से जुड़े लोगों का यह लक्ष्य होना चाहिए कि वे आम लोगों तथा सामाजिक सेवा प्रदाताओं के साथ मजबूत रिश्ते बनाकर रखें और उनमें इस प्रकार का सामंजस्य हो कि आपात चिकित्सा की परिस्थिति में रोगी तथा उसके परिवार के लोगों को परेशान न होना पड़े।

सामुदायिक स्वास्थ्य के प्रकार

सामुदायिक स्वास्थ्य सेवाओं को मुख्य रूप से निम्नलिखित तीन श्रेणियों में वर्गीकृत किया जा सकता है—

1. प्राथमिक स्वास्थ्य सेवाएँ
2. द्वितीयक स्वास्थ्य सेवाएँ
3. तृतीयक स्वास्थ्य सेवाएँ

प्राथमिक स्वास्थ्य सेवाओं के अंतर्गत किसी बीमारी की प्रारंभ में ही चिकित्सा करके रोगी को स्वस्थ किया जाता है। इसके अंतर्गत सामान्य किस्म की बीमारियाँ आती हैं, जिनका उपचार बेहद आसानी से किया जा सकता है। इसके अंतर्गत रोगों की रोकथाम पर भी बल दिया जाता है और यह सभी वर्गों तथा आयु समूह के लोगों के लिए अलग-अलग ढंग से चलाया जाता है, जैसे 5 साल से कम उम्र के बच्चों के लिए पोलियो की दो बूँद पिलाना, गर्भवती स्त्री से लेकर शिशु के 12 वर्ष की आयु का होने तक विभिन्न बीमारियों से बचने के लिए टीकाकरण कार्यक्रम, कोविड संक्रमण से बचाव के लिए उपाय और टीका

विकसित हो जाने के बाद निःशुल्क टीकाकरण अभियान आदि। ऐसे बड़े लक्ष्यों को हासिल करने के लिए रेडियो, टी.वी., सोशल मीडिया आदि पर जागरूकता अभियान चलाए जाते हैं और मशहूर हस्तियों से इनका प्रचार-प्रसार कराया जाता है, ताकि जनता ऐसे स्वास्थ्य जागरूकता अभियानों के प्रति आकर्षित हो। प्राथमिक स्वास्थ्य की सुविधा प्रदान करने से सामुदायिक स्वास्थ्य के लक्ष्य को काफी हद तक सफलतापूर्वक पूरा किया जा सकता है। पारंपरिक चिकित्सा सुविधा के क्लीनिक, बाह्य रोगी विभाग या ओ.पी.डी., डिस्पेंसरी, फिजीशियन, नर्स तथा सहयोगी स्टाफ आदि इसके अंतर्गत आते हैं।

द्वितीयक स्वास्थ्य सेवाओं के अंतर्गत सामुदायिक स्वास्थ्य सेवाओं में सुधार हेतु लोगों के आसपास के परिवेश या माहौल को उत्तम स्वास्थ्य के अनुरूप बनाया जाता है। कोविड संक्रमण से बचाव के लिए देशव्यापी लॉकडाउन तथा शहरों में प्रदूषण कम करने के लिए किए जानेवाले उपाय इस श्रेणी में आते हैं।

तृतीयक स्वास्थ्य सेवाओं के अंतर्गत किसी बीमारी के उपचार के लिए विशेषज्ञ चिकित्सा सुविधाएँ मुहैया कराई जाती हैं। इस प्रकार की स्वास्थ्य सेवाओं को प्रदान करने के लिए रोग विशेष के विशेषज्ञ चिकित्सकों, सहायकों, इससे जुड़ी अन्य स्वास्थ्य सुविधाओं, जैसे मशीनें, जाँच किट या विशेष बेड तथा विशेष वार्ड आदि की व्यवस्था करनी होती है। कैंसर, टीबी, मलेरिया, एड्स, कोविड, हृदय रोग, नाक-कान-गला रोग आदि के उपचार के लिए की जानेवाली विशिष्ट व्यवस्थाएँ इस कोटि में आती हैं।

सामुदायिक स्वास्थ्य की चुनौतियाँ

सामुदायिक स्वास्थ्य सेवाओं के सामने सबसे बड़ी चुनौती एक बड़ी आबादी को स्वास्थ्य सेवाएँ प्रदान करना तथा उन्हें रोगों से बचाना है। कोविड संक्रमण के वैश्विक माहौल में भारत ने अति शीघ्र स्वदेशी टीका विकसित करके तथा बहुत कम समय में 100 करोड़ से अधिक टीकाकरण करके यह दिखा दिया है कि विपरीत परिस्थितियों में भी देश के नागरिकों को उत्तम स्वास्थ्य सुविधा प्रदान करने के लिए भारत अब पूरी तरह से तैयार है।

सामुदायिक स्वास्थ्य सेवाओं के सफल होने के लिए जनता का उन

सेवाओं में विश्वास होना, जनता की सहभागिता और उन्हें यह सेवा प्रदान करनेवाले चिकित्सकों तथा सहयोगी कर्मचारियों का पूरी तत्परता से काम करना, ये तीनों आवश्यक हैं। इनमें से एक भी कड़ी के कमजोर होने पर सामुदायिक स्वास्थ्य के लक्ष्य को हासिल करने में कठिनाई आ सकती है।

सामुदायिक स्वास्थ्य सेवाओं के लिए एक बड़ी चुनौती कम मूल्य पर अथवा निःशुल्क रूप से जनता तक सामुदायिक स्वास्थ्य के लाभ पहुँचाना है। यह दुखद सच्चाई है कि दुनिया की एक बड़ी आबादी मूलभूत स्वास्थ्य सुविधाओं से आज भी वंचित है। कुपोषण, भुखमरी, अशिक्षा और निर्धनता के कारण भी तमाम लोग बीमारियों की चपेट में आ जाते हैं। सभी जरूरतमंद लोगों के आसपास तक उस इलाके में व्याप्त प्रमुख बीमारियों के उपचार के लिए स्वास्थ्य सुविधाओं का ढाँचा तैयार करना भी सामुदायिक स्वास्थ्य के लिए एक बड़ी चुनौती है, लेकिन आश्वस्ति की बात यह है कि कोविड संक्रमण के बाद से भारत सहित दुनिया के सभी देशों ने सामुदायिक स्वास्थ्य के महत्त्व को समझा है और इस दिशा में आवश्यक कदम उठाने हेतु सरकारें आगे आ रही हैं।

समाज में मौजूद आम बीमारियाँ और उनके लिए पोषक तत्त्वों की आवश्यकता

किसी समाज में बीमारियों का होना आम बात है, लेकिन कुछ ऐसी बीमारियाँ होती हैं, जो समाज के बड़े तबके को अपनी चपेट में ले लेती हैं और उनके इलाज के लिए देश, प्रदेश, समाज को विशेष व्यवस्थाएँ करनी होती हैं। किसी देश की आर्थिक स्थिति, नागरिकों के पोषण का स्तर, सरकारों द्वारा चलाए गए स्वास्थ्य जागरूकता अभियान और रोकथाम हेतु किए गए उपाय तथा उपलब्ध कराई गई चिकित्सा सुविधाओं से इन आम बीमारियों के प्रसार तथा रोकथाम का सीधा संबंध होता है। जो आम बीमारियाँ आपके पाठ्यक्रम में रखी गई हैं, वे हैं—

- डायबिटीज या मधुमेह (Diabetes)
- हाइपरटेंशन (हाई ब्लड प्रेशर) या उच्च रक्तचाप (Hypertension or High Blood Pressure)

- मोटापा या मेदुरता (Obesity)
- कब्ज (Constipation)
- डायरिया या अतिसार (Diarrhea)
- टाइफाइड या आंत्र ज्वर (Typhoid)

डायबिटीज या मधुमेह (Diabetes) :

डायबिटीज या मधुमेह बीमारी उस समय होती है, जब किसी व्यक्ति के शरीर में ब्लड ग्लूकोज या ब्लड शुगर (ब्लड शर्करा) की मात्रा सामान्य से अधिक हो जाती है। हम जो भोजन ग्रहण करते हैं, उससे ब्लड ग्लूकोज या ब्लड शुगर तैयार होता है, जो शरीर को मिलनेवाली ऊर्जा का मुख्य स्रोत है। पैंक्रियाज या अग्न्याशय इंसुलिन नाम का एक हॉर्मोन बनाता है, जिससे ब्लड शुगर नियंत्रित रहती है और यह भोजन के पचने के लिए आवश्यक एंजाइम और तरल पदार्थ या फ्लूड भी निर्मित करता है, लेकिन कई बार हमारा शरीर पर्याप्त मात्रा में इंसुलिन का निर्माण नहीं कर पाता या बिल्कुल भी इंसुलिन का निर्माण नहीं कर पाता या फिर इंसुलिन का सही उपयोग नहीं कर पाता, ऐसे में ग्लूकोज या शुगर हमारे रक्त में ही रह जाती है और ऊर्जा देने के लिए शरीर की कोशिकाओं या सेल तक नहीं पहुँच पाती। लंबे समय तक रक्त में ग्लूकोज या शुगर के बने रहने से स्वास्थ्य संबंधी समस्याएँ पैदा हो जाती हैं, जिन्हें हम 'डायबिटीज' या 'मधुमेह' नामक बीमारी का नाम देते हैं।

डायबिटीज का पूरा नाम 'डायबिटीज मेलिटस' है, जो क्रमश: ग्रीक शब्द 'डायबिटीज' और लेटिन शब्द 'मेलिटस' से लिया गया है। डायबिटीज का अर्थ है—एक स्थान से दूसरे स्थान तक ले जानेवाला साइफन और मेलिटस का अर्थ है—शर्करा या मिष्टान्न। इसी प्रकार हिंदी में इस्तेमाल में आनेवाले शब्द 'मधुमेह' को संस्कृत के 'मधुमेह' से लिया गया है, जिसमें 'मधु' का अर्थ शर्करा या मिष्टान्न है और 'मेह' का अर्थ स्राव होना है, अर्थात् मूत्र में शर्करा की अधिकता होना मधुमेह है।

भारतीय ज्ञान-परंपरा में सुश्रुत को मधुमेह रोग का ज्ञान था। भारतीयों को यह भी ज्ञात था कि मूत्र में शर्करा के आ जाने से मधुमेह रोग होता है। भारतीयों

ने चींटियों को मूत्र के आसपास मँडराते देखकर इसे 'मूत्र शर्करा' नाम दिया था। यह भी कहा जाता है कि 1550 ई.पू. के मिस्र के ग्रंथों में इस रोग का वर्णन किया गया है। 250 ई.पू. में मिस्र के अपोलोनियस मेंफिस ने इस रोग के लक्षणों के आधार पर इसका नाम 'डायबिटीज' दिया। प्राचीनकाल के अभिलेख बताते हैं कि भारतीयों और मिस्र के निवासियों के अलावा अरब, ग्रीक, कोरिया, जापान और चीन के लोगों को भी इस रोग के विषय में जानकारी थी। अंग्रेजी में पहली बार सन् 1425 ई. के आसपास लिखे गए ग्रंथ में 'डायबिट' नामक रोग की चर्चा मिलती है। दसवीं शताब्दी में फारस के एवीसीनिया ने बताया कि असामान्य भूख और जननांगों में कमी के कारण डायबिटीज रोग होता है। मिस्र के प्राचीन ग्रंथों में इसका इलाज घोड़े की पीठ पर बैठकर कसरत करना बताया गया है, ताकि शरीर का अधिक मूत्र जल्द बाहर निकल जाए। सन् 1675 में थॉमस विलिस ने इसके साथ 'मेलिटस' शब्द भी जोड़ दिया। सन् 1889 में जोसेफ वॉन मेरिंग और ऑस्कर मिंकोव्स्की ने कुत्तों पर प्रयोग किए और बताया कि जिन कुत्तों के अग्न्याशय निकाल दिए गए थे, उनमें डायबिटीज के लक्षण विकसित हो गए और जल्द ही उनमें शर्करा की अधिकता के कारण उनकी मृत्यु हो गई। सन् 1910 में सर एडवर्ड अल्बर्ट शार्पी-शेफर ने पाया कि शरीर में इंसुलिन की कमी से डायबिटीज रोग होता है। इंसुलिन एक ऐसा रसायन है, जिसका इस्तेमाल शरीर शर्करा को तोड़ने के लिए करता है। इस प्रकार आवश्यकता से अधिक शर्करा मूत्र के रूप में शरीर से बाहर निकल जाती है। सन् 1926 में सर एडवर्ड अल्बर्ट शार्पी-शेफर ने बताया कि जब मनुष्य के शरीर में इंसुलिन का बनना कम हो जाता है या बिल्कुल भी इंसुलिन नहीं बनता, तब उसे डायबिटीज हो जाती है। सन् 1919 में न्यूयॉर्क के रॉकफेलर इंस्टीट्यूट के वैज्ञानिक फ्रेडरिक एलन ने इसके इलाज के लिए संतुलित आहार लेने या निराहार, अर्थात् भूखे रहने की सलाह दी। सन् 1921-22 में कनाडा की टोरंटो यूनिवर्सिटी के वैज्ञानिकों फ्रेडरिक ग्रांट बैंटिंग और चार्ल्स हर्बर्ट बेस्ट ने स्वस्थ कुत्तों से इंसुलिन निकालने में सफलता पाई, जब उन्होंने डायबिटीज से जूझ रहे कुत्तों के शरीर में इस इंसुलिन का इंजेक्शन लगाया तो उन कुत्तों की हालत में सुधार देखा गया। इससे डायबिटीज के इलाज का रास्ता खुल गया। फ्रेडरिक ग्रांट बैंटिंग और चार्ल्स हर्बर्ट बेस्ट को इस महत्त्वपूर्ण

खोज के लिए सन् 1923 में चिकित्सा के लिए नोबल पुरस्कार से सम्मानित किया गया। इसके बाद बैंटिंग और बेस्ट ने इंसुलिन को रोगियों हेतु नि:शुल्क उपलब्ध कराया, जिससे दुनिया के लाखों डायबिटीज रोगियों को इंसुलिन की सुविधा मिल सकी। पहले सन् 1991 से 27 जून को विश्व डायबिटीज दिवस के रूप में मनाया जाता था, लेकिन इंसुलिन के आविष्कारक फ्रेडरिक ग्रांट बैंटिंग के सम्मान में वर्ष 2007 से उनके जन्मदिन 14 नवंबर को प्रतिवर्ष 'विश्व डायबिटीज दिवस' के रूप में मनाया जाता है। जनवरी 1922 में टोरंटो के लियोनॉर्ड थॉमसन को दुनिया में पहली बार डायबिटीज के इलाज के लिए इंसुलिन का इंजेक्शन दिया गया। इसके बाद वे अगले 13 वर्षों तक जीवित रहे। कमोबेश आज भी डायबिटीज के इलाज के लिए यही तरीका इस्तेमाल में लाया जा रहा है।

सन् 1936 में सर हैरोल्ड पर्सिवल ने डायबिटीज के दो प्रकार बताए। उन्होंने इन्हें इंसुलिन संवेदी या इंसुलिन सेंसिटिव और इंसुलिन असंवेदी या इंसुलिन इनसेंसिटिव नाम दिया। आज इन्हें टाइप-1 और टाइप-2 डायबिटीज के नाम से जाना जाता है। टाइप-1 डायबिटीज में इंसुलिन के इंजेक्शन दिए जाते हैं, जबकि टाइप-2 डायबिटीज के लिए नियमित व्यायाम, पौष्टिक और संतुलित आहार तथा दवाइयों से स्वास्थ्य का जोखिम काफी हद तक कम किया जा सकता है। सन् 1982 में पहली बायोसिंथेटिक या जैव सिंथेटिक मानव इंसुलिन 'ह्यूमुलिन' की खोज हुई, जो मनुष्य में प्राकृतिक रूप से मिलनेवाले इंसुलिन के जैसी थी और काफी मात्रा में इसका उत्पादन किया जाना संभव था। इसे कई देशों द्वारा इलाज के लिए अनुमोदित किया गया और आज लगभग यही इंसुलिन टाइप-1 डायबिटीज में इंसुलिन के इंजेक्शन के रूप में पूरी दुनिया में इस्तेमाल में लाया जा रहा है।

डायबिटीज बीमारी आरामदेह जीवन जीने और व्यायाम न करने, मोटापे अथवा आनुवंशिक रूप से एक पीढ़ी से दूसरी पीढ़ी में आ सकती है। टाइप-2 डायबिटीज अधिकतर आनुवंशिक रूप से परिवार के लोगों से व्यक्तियों तक आती है, अब से लगभग 20 वर्ष पहले तक बच्चों में टाइप-2 डायबिटीज के मामले देखने को नहीं मिलते थे। वास्तव में पहले इसे बालिग लोगों में होनेवाला रोग माना जाता था, लेकिन अब यह बीमारी छोटे-छोटे बच्चों को भी अपनी चपेट

में ले रही है। इसका प्रमुख कारण फास्ट फूड संस्कृति का बढ़ना, व्यायाम न करना और मोटापा या अत्यधिक वजन बढ़ना है। इसके अतिरिक्त मोबाइल तथा इलेक्ट्रॉनिक गैजेटों पर अधिक समय बिताना, शिक्षा और जागरूकता की कमी, फलों, मेवों तथा मोटे अनाज या फाइबरयुक्त भोजन न लेने, तंबाकू के सेवन तथा धूम्रपान करने, नशा करने, पर्यावरणीय प्रदूषण, हाई ब्लड प्रेशर या उच्च रक्तचाप होने या कोलेस्ट्रॉल के बढ़ने से भी डायबिटीज होने का खतरा बढ़ जाता है।

यों तो डायबिटीज को एक अदृश्य बीमारी माना जाता है, जिसके लक्षण प्रारंभ में कम या न के बराबर दिखाई देते हैं, फिर भी जब लक्षण दिखाई देते हैं तो रोगी को बार-बार प्यास लगती है, थकान होती है, नजर धुँधली पड़ने लगती है, बार-बार पेशाब आता है, जल्दी थकान होने लगती है और जल्दी-जल्दी भूख लगती है, मुँह सूखता है, त्वचा में खुजली होती है, घाव देरी से भरते हैं, पैरों के तलवों में दर्द होता है, हाथों एवं पैरों में झनझनाहट होती है और कई बार रोगी को उल्टियाँ भी होने लगती हैं।

डायबिटीज के विषय में जनता के मन में अनेक भ्रांतियाँ और मिथक प्रचलित हैं। अकसर यह माना जाता है कि डायबिटीज की पहचान होते ही चीनी लेना बंद कर देना चाहिए, लेकिन यह पूरी तरह सत्य नहीं है। चिकित्सक के निर्देशों का अक्षरशः पालन करते हुए रोगी संतुलित मात्रा में चीनी ले सकता है। दूसरा मिथक यह है कि टाइप-1 डायबिटीज टाइप-2 की तुलना में अधिक खतरनाक और जानलेवा है। वास्तविकता यह है कि दोनों प्रकार की डायबिटीज खतरनाक हैं। यदि समुचित देखभाल नहीं की गई तो इनमें से किसी भी प्रकार की डायबिटीज शरीर के अन्य अंगों पर घातक प्रभाव डाल सकती है, जिससे रोगी की मृत्यु भी हो सकती है। एक अन्य भ्रांति यह है कि सिर्फ मोटे लोगों को ही टाइप-2 डायबिटीज होती है, लेकिन सच्चाई यह है कि 20 प्रतिशत टाइप-2 डायबिटीज के ऐसे रोगी हैं, जिनका वजन सामान्य अथवा सामान्य से कम है। एक अन्य भ्रांति यह है कि डायबिटीज के रोगी शीघ्र ही अंधे हो जाते हैं, लेकिन यह पूरी तरह सच नहीं है, जो लोग डायबिटीज होने के बाद स्वस्थ जीवन-शैली को अपना लेते हैं और अपनी शर्करा के स्तर को नियंत्रण में रखते हैं, उन्हें अंधे होने की समस्या से नहीं जूझना पड़ता।

यह भी सच्चाई है कि डायबिटीज को जड़ से खत्म करनेवाली चिकित्सा अभी तक उपलब्ध नहीं है, फिर भी संतुलित भोजन, व्यायाम और वजन नियंत्रित करके और आवश्यकता पड़ने पर चिकित्सक की सलाह से दवाइयाँ लेकर डायबिटीज के कारण स्वास्थ्य पर पड़नेवाले दुष्प्रभावों से बचा जा सकता है। भारत में डायबिटीज के खतरे को कम करने के लिए प्राकृतिक और आयुर्वेदिक चिकित्सा एक अच्छा विकल्प है। इस बात के प्रमाण हैं कि अश्वगंधा के प्रयोग से तथा नियमित योग अभ्यास करने से शरीर के ग्लूकोज या शर्करा के स्तर को नियंत्रित किया जा सकता है, लेकिन बिना चिकित्सक के परामर्श के कोई भी दवाई लेना उचित नहीं है।

इस बीमारी की गंभीरता और भयावहता का अंदाजा इस तथ्य से लगाया जा सकता है कि सन् 2015 में यह अमेरिका की सातवीं सबसे बड़ी बीमारी घोषित की गई थी। आँकड़ों के अनुसार चीन के बाद भारत में दुनिया के सर्वाधिक डायबिटीज रोगी हैं, जिनकी संख्या 7.7 करोड़ से अधिक है, जो बेहद चिंताजनक है और सन् 2045 तक यह संख्या बढ़कर 13.4 करोड़ होने की आशंका है। भारत में टाइप-1 डायबिटीज के रोगियों की संख्या में 3 से 5 प्रतिशत की दर से प्रतिवर्ष इजाफा हो रहा है, जबकि टाइप-2 डायबिटीज के रोगियों की संख्या में लगभग 8 प्रतिशत की दर से प्रतिवर्ष बढ़ोतरी हो रही है।

अति तनाव या उच्च रक्तचाप
(Hypertension or High Blood Pressure)

हाइपरटेंशन या अति तनाव अथवा हाई ब्लड प्रेशर या उच्च रक्तचाप उस समय होता है, जब किसी व्यक्ति का रक्तचाप सामान्य से अधिक हो जाता है और इस कारण रक्त सँकरी धमनियों (Artery) पर दबाव डालने लगता है। इससे रक्त को पंप करने के लिए हृदय को अधिक जोर लगाना पड़ता है। एक व्यक्ति की धमनियाँ, जितनी अधिक सँकरी होंगी, उसका रक्तचाप उतना ही अधिक होगा। लंबे समय तक उच्च रक्तचाप रहने से स्वास्थ्य संबंधी गंभीर परेशानियाँ हो सकती हैं, विशेषकर हृदय रोग या हृदयाघात (Heart Attack or Heart Stroke) हो सकता है। आमतौर पर 140/90 रक्तचाप को सामान्य

माना जाता है और इससे अधिक होने पर अति तनाव या उच्च रक्तचाप माना जाता है। 180/120 या इससे अधिक रक्तचाप को शरीर के लिए घातक माना जाता है।

हाइपरटेंशन या अति तनाव अथवा हाई ब्लड प्रेशर या उच्च रक्तचाप का शुरुआत में कोई लक्षण नहीं दिखता, लेकिन समय के साथ यह बढ़ता जाता है। इससे भी खतरनाक बात यह है कि लक्षणों के न दिखने पर भी कई बार इससे रक्त नलिकाओं एवं अन्य अंगों को गंभीर क्षति पहुँचती है, विशेषकर मस्तिष्क, हृदय, नेत्र और गुर्दा या किडनी इससे प्रभावित हो सकते हैं।

हाइपरटेंशन या अति तनाव अथवा हाई ब्लड प्रेशर या उच्च रक्तचाप दो प्रकार के होते हैं—

- प्राथमिक हाइपरटेंशन या प्राथमिक अति तनाव
- द्वितीयक हाइपरटेंशन या द्वितीयक अति तनाव

प्राथमिक हाइपरटेंशन या प्राथमिक अति तनाव : प्राथमिक हाइपरटेंशन या प्राथमिक अति तनाव को आवश्यक हाइपरटेंशन या अति तनाव भी कहा जाता है। इस प्रकार का हाइपरटेंशन या अति तनाव ऐसे कारणों से होता है, जिन्हें जाना नहीं जा सकता। अधिकांश लोगों को इसी प्रकार का हाइपरटेंशन या अति तनाव होता है।

अनुसंधानकर्ता अभी भी यह पता लगा पाने में पूर्णत: समर्थ नहीं हुए हैं कि किस प्रक्रिया के कारण रक्तचाप धीरे-धीरे बढ़ने लगता है, फिर भी उनका मानना है कि प्राथमिक हाइपरटेंशन या प्राथमिक अति तनाव बढ़ने के ये प्रमुख कारण हो सकते हैं—

(क) जींस : कुछ लोगों में जन्मजात तौर पर प्राथमिक हाइपरटेंशन या प्राथमिक अति तनाव की समस्या होती है। ऐसा माता-पिता से प्राप्त आनुवंशिक लक्षणों से अथवा जीन के स्वरूप परिवर्तन (Gene Mutation) से हो सकता है।

(ख) शारीरिक परिवर्तन : यदि आपके शरीर में कुछ बदलाव होते हैं तो इसका अहसास आप पूरे शरीर में करते हैं। उच्च रक्तचाप भी ऐसा ही एक बदलाव है। उदाहरण के लिए, किसी व्यक्ति के गुर्दों अथवा किडनी के कार्य करने की प्रक्रिया में आयु बढ़ने से हुए बदलाव शरीर के लवण तथा तरल पदार्थों के संतुलन को अस्त-व्यस्त कर देते हैं। इससे उस व्यक्ति का रक्तचाप बढ़ने लगता है।

(ग) पर्यावरण या परिवेश : लंबे समय तक अस्वास्थ्यकर जीवन-शैली जीने, जैसे व्यायाम न करने और संतुलित भोजन न करने के कारण शरीर पर विपरीत प्रभाव पड़ता है। आरामदेह जीवन-शैली और फास्ट फूड या जंक फूड के सेवन से शरीर का वजन बढ़ने लगता है और अत्यधिक वजन होने या मोटापे के कारण प्राथमिक हाइपरटेंशन या प्राथमिक अति तनाव की समस्या पैदा हो जाती है।

द्वितीयक हाइपरटेंशन या द्वितीयक अति तनाव : द्वितीयक हाइपरटेंशन या द्वितीयक अति तनाव बहुत तेजी से विकसित होता है और यह प्राथमिक हाइपरटेंशन या अति तनाव की तुलना में प्राय: अधिक घातक होता है। द्वितीयक हाइपरटेंशन या द्वितीयक अति तनाव निम्नलिखित कारणों से हो सकता है—

- गुरदे या किडनी की बीमारी होने से
- लंबे समय तक नींद पूरी न होने से
- हृदय संबंधी रोग होने से
- थायराइड की समस्या होने से
- दवाइयों के दुष्प्रभाव (Side effects) से
- नशीले ड्रग के सेवन से
- एड्रिनल या अधिवृक्क ग्रंथि (Adrenal Gland) की समस्या से
- कुछ प्रकार के अंत:स्रावी ट्यूमर से

हाइपरटेंशन या अति तनाव को 'खामोश बीमारी' कहा जाता है, जो चुपचाप आकर रोगी को जकड़ लेती है। अनेक रोगियों को इसके किसी लक्षण का आभास तक नहीं होता है और वर्षों बाद उन्हें पता चलता है कि वे हाइपरटेंशन या अति तनाव की बीमारी से लंबे समय से ग्रसित हैं और उस समय तक यह बीमारी भयावह रूप धारण कर चुकी होती है। इसके बावजूद हाइपरटेंशन या अति तनाव के ये लक्षण रोगियों में देखे जा सकते हैं—

- सिर दर्द
- साँस फूलना
- नाक से रक्त आना

- चकत्ते पड़ना
- सिर चकराना
- नजर कमजोर होना
- पेशाब में खून आना

इनमें से एक भी लक्षण दिखने पर तुरंत डॉक्टर को दिखाना चाहिए। हाइपरटेंशन या अति तनाव के सभी रोगियों में ये लक्षण नहीं दिखते, फिर भी कुछ भी असामान्य महसूस करने पर अथवा सामान्य व्यक्ति को भी समय-समय पर अपने स्वास्थ्य की जाँच (Health Check Up) कराते रहना चाहिए। 40 वर्ष की आयु के बाद व्यक्ति को नियमित स्वास्थ्य की जाँच कराते रहना चाहिए।

हाइपरटेंशन या अति तनाव को जानने का सबसे बेहतरीन तरीका यह है कि व्यक्ति समय-समय पर अपने रक्तचाप या ब्लड प्रेशर की जाँच कराता रहे। आजकल अधिकांश डॉक्टर सबसे पहले रोगी के रक्तचाप या ब्लड प्रेशर की जाँच करते हैं। यदि किसी व्यक्ति के परिवार में किसी को हृदय रोग की बीमारी है तो ऐसे व्यक्तियों को हाइपरटेंशन या अति तनाव की बीमारी होने की आशंका अधिक रहती है। इसके लिए आपके चिकित्सक साल में दो बार रक्तचाप या ब्लड प्रेशर की जाँच करवाने की सलाह दे सकते हैं। इससे हाइपरटेंशन या अति तनाव की शुरुआत में ही पहचान की जा सकती है और इसकी भयावहता को कम या खत्म किया जा सकता है।

रक्तचाप या ब्लड प्रेशर को जाँचने के लिए दो संख्याएँ प्राप्त की जाती हैं, जिन्हें एक रेखा के ऊपर और नीचे लिखा जाता है। इनके नाम हैं—

- सिस्टोलिक रक्तचाप (Systolic Pressure)
- डायस्टोलिक रक्तचाप (Diastolic Pressure)

सिस्टोलिक रक्तचाप (Systolic Pressure) रेखा के ऊपर लिखी गई संख्या होती है, जो हृदय के धड़कते समय और रक्त को बाहर पंप करते समय धमनियों में आनेवाले दबाव का संकेत करती है। डायस्टोलिक रक्तचाप (Diastolic Pressure) रेखा के नीचे लिखी गई संख्या होती है, जो दिल की धड़कनों के बीच धमनियों में आनेवाले दबाव का संकेत करती है।

रक्तचाप की सीमाओं के संकेतक

रक्तचाप की श्रेणी Blood Pressure Category	सिस्टोलिक रक्तचाप (mm Hg) Systolic Pressure	डायस्टोलिक रक्तचाप (mm Hg) Diastolic Pressure
स्वस्थ व्यक्ति	120 या इससे कम	और 80 या इससे कम
उच्च रक्तचाप	120–129	और 80 या इससे कम
अति तनाव की प्रथम अवस्था	130–139	या 80–90
अति तनाव की द्वितीय अवस्था	140 या इससे अधिक	या 90 या इससे अधिक
अति तनाव की चिंताजनक अवस्था	180 से अधिक	या 120 से अधिक

तालिका से स्पष्ट है कि एक स्वस्थ व्यक्ति का रक्तचाप 120/80 mm Hg या मिलीमीटर ऑफ मरकरी माप होना चाहिए। 120–129/>80 mm Hg या मिलीमीटर ऑफ मरकरी माप को उच्च रक्तचाप माना जाता है, लेकिन प्राय: चिकित्सक इतना रक्तचाप होने पर दवाइयाँ नहीं देते, इसके स्थान पर वे मरीज को सलाह देते हैं कि वह अपनी जीवन–शैली में बदलाव करे और संतुलित भोजन एवं आवश्यक व्यायाम, योग आदि करे। 130–139/80–90 mm Hg या मिलीमीटर ऑफ मरकरी माप होने पर इसे अति तनाव की प्रथम अवस्था कहा जाता है और >140/>90 mm Hg या मिलीमीटर ऑफ मरकरी माप को अति तनाव की द्वितीय अवस्था कहा जाता है, इन दोनों अवस्थाओं में प्राय: चिकित्सक दवाइयों के साथ–साथ रोगी को अपनी जीवन–शैली में बदलाव करने और संतुलित भोजन एवं आवश्यक व्यायाम, योग आदि करने की सलाह देते हैं। >140/>120 mm Hg या मिलीमीटर ऑफ मरकरी माप को अति तनाव की चिंताजनक अवस्था माना जाता है और ऐसी स्थिति आने पर तुरंत चिकित्सीय सहायता की आवश्यकता होती है।

उच्च रक्तचाप होने पर व्यक्ति को फलों, हरी सब्जियों, साबुत या रेशेदार अनाज, कम प्रोटीनवाले खाद्य पदार्थ, जैसे मछली आदि का सेवन करना चाहिए, शारीरिक श्रम अधिक करना चाहिए, यदि अधिक वजन हो तो उसे कम करने का प्रयास करना चाहिए, तनाव न लेने का प्रयास करना चाहिए और इन सब उपायों के माध्यम से कोशिश करनी चाहिए कि बिना दवाइयों के ही रक्तचाप सामान्य स्तर पर आ जाए। इसके लिए सप्ताह के 5 दिनों में कुल 150 मिनट तक सामान्य शारीरिक श्रम करना या प्रतिदिन 10,000 कदम चलना बेहतर विकल्प हो सकते हैं। तनाव कम करने या खत्म करने के लिए ध्यान या Meditation, गहरी साँस लेना, मालिश कराना, मांसपेशियों को विश्राम देना, योगाभ्यास करना बेहतर होगा। भरपूर नींद लेकर भी तनाव को दूर किया जा सकता है।

यदि आप धूम्रपान करते हैं तो इसे छोड़ना होगा, क्योंकि तंबाकू में मौजूद रसायन शरीर के ऊतकों (Tissues) को नष्ट कर देते हैं और रक्त-नलिकाओं को कठोर बना देते हैं, जो उच्च रक्तचाप के रोगियों के लिए घातक है।

प्रयास करना चाहिए कि मांसाहार के स्थान पर शाकाहार या वनस्पतियों को भोजन में स्थान दिया जाए। वनस्पतियों पर आधारित भोजन में फाइबर या रेशे की अधिकता होती है और यह हानिकारक सोडियम तथा संतृप्त ट्रांसफैट से युक्त होता है। डेयरी फूड या दुग्ध आधारित आहार और मीट में हानिकारक सोडियम तथा संतृप्त ट्रांसफैट होता है, अतः उच्च रक्तचाप के रोगियों को इनके सेवन से बचना चाहिए। इनके स्थान पर हरी सब्जियों, फलों और मोटे अनाज को आहार में स्थान देना चाहिए। यदि आप मांसाहारी हैं तो भोजन में लाल मीट के स्थान पर मछली का सेवन कर सकते हैं, क्योंकि इसमें प्रोटीन की मात्रा कम होती है। जिन व्यक्तियों में अति तनाव और हृदय रोग होने की स्थिति होती है, उन लोगों को प्रतिदिन के भोजन में सोडियम की मात्रा को 1,500 मिलीग्राम से 2,300 मिलीग्राम की सीमा के अंदर रखना चाहिए। इसके लिए उन्हें ताजा भोजन करना चाहिए, होटल या रेस्तराँ में बने भोजन से परहेज करना चाहिए और जंक फूड या फास्ट फूड या पैक्ड फूड का सेवन नहीं करना चाहिए, क्योंकि इनमें सोडियम की मात्रा बहुत अधिक होती है। मिठाई या कोल्ड ड्रिंक में बहुत अधिक कैलोरी होती है, किंतु इनमें पौष्टिकता या Nutrition Value शून्य होती है,

अत: इन्हें खाने से परहेज करना चाहिए। यदि आप मीठा खाना चाहते हैं तो इनके स्थान पर ताजे फल या बहुत थोड़ी मात्रा में कम चीनीवाली डार्क चॉकलेट खाई जा सकती है। प्रयास यह करना चाहिए कि दिन में 7 से अधिक बार फलों और सब्जियों का सेवन किया जाए। इसके बाद दो सप्ताह में प्रति सप्ताह प्रतिदिन इस संख्या को क्रमश: 7 से 8 और 8 से 9 तक ले जाने का प्रयास करना चाहिए। दो सप्ताह के बाद इसे बढ़ाकर 10 तक ले जाना चाहिए और प्रति सप्ताह 10 बार फल या सब्जियों के सेवन को अपनी दैनिक आहार-शृंखला में शामिल करना चाहिए। साथ ही भोजन में सलाद के प्रयोग को बढ़ावा देना चाहिए। भोजन में सलाद की मात्रा को एक सीमा तक बढ़ाते रहना चाहिए। प्रयास यह करना चाहिए कि चीनी का सेवन कम-से-कम किया जाए। पैक्ड फूड में भी कई बार चीनी मिली रहती है, इसलिए इसका सेवन करने से पहले इसमें चीनी है या नहीं, इसकी जाँच कर लेनी चाहिए।

यदि आपका वजन अधिक है और कमर का आकार बढ़ रहा है तो खुद वजन कम करने का प्रयास करने की जगह डॉक्टर से इस संबंध में परामर्श लेना चाहिए। एक शोध के अनुसार प्रति सप्ताह एक से दो पौंड तक वजन घटाया जा सकता है। इसका अर्थ यह है कि भोजन में प्रतिदिन 500 कैलोरी कम लेने से और शारीरिक श्रम अधिक करने से इस लक्ष्य को प्राप्त करने की दिशा में आगे बढ़ा जा सकता है। व्यायाम की दिनचर्या को भी इस प्रकार निर्धारित करना चाहिए कि शरीर पर आवश्यकता से अधिक दबाव न आने पाए और इसे धीरे-धीरे बढ़ाया जा सकता है।

रक्तचाप की समय-समय पर स्वयं या चिकित्सक से जाँच करवाकर भी आप अपने रक्तचाप को सामान्य रखने में सफल हो सकते हैं और इसके अधिक बढ़ने पर चिकित्सक से आवश्यक परामर्श ले सकते हैं।

चूँकि अति तनाव एक खामोश दुश्मन है, जो बिना बताए शरीर पर वार करता है, इसलिए इसके लक्षण दिखने के कई साल पहले से यह शरीर को क्षतिग्रस्त करने लगता है, अगर इसका समय पर उपचार न किया गया तो यह आपकी स्वास्थ्य समस्याओं को घातक स्तर तक बढ़ा सकता है।

चूँकि मनुष्य की धमनियाँ अत्यंत लचीली और मजबूत होती हैं, इसलिए

रक्त इनसे होकर स्वतंत्र और निर्बाध रूप से प्रवाहित होता है, लेकिन अति तनाव से ये कम लचीली हो जाती हैं, जिनसे भोजन का वसा (Fat) इनमें जमा होकर रक्त के निर्बाध प्रवाह को अवरुद्ध कर देता है। इसके कारण रक्तचाप बढ़ जाता है, धमनियाँ बंद या ब्लॉक होने लगती हैं और हृदय रोग या हृदयाघात (Heart Stroke) की आशंका बढ़ जाती है।

अति तनाव हृदय के कार्य में भी मुश्किलें पैदा करता है। रक्त-नलिकाओं में बढ़ते दबाव के कारण हृदय की मांसपेशियों को ज्यादा तेजी से रक्त पंप या प्रवाहित करना पड़ता है और उसे अधिक ताकत लगानी पड़ती है। इससे हृदय फैल जाता है और बढ़े हुए हृदय के कारण हृदय गति रुकने, हृदयाघात या अचानक हृदयाघात से मौत तक हो सकती है।

व्यक्ति के मस्तिष्क को सुचारु ढंग से कार्य करने के लिए ऑक्सीजन से युक्त रक्त की लगातार आवश्यकता होती है, लेकिन उच्च रक्तचाप या अति तनाव से मस्तिष्क में रक्त की आपूर्ति में रुकावट आती है। मस्तिष्क में ऑक्सीजन से युक्त रक्त की अस्थायी रुकावट से Transient Ischaemic Attack (TIA) आ सकता है और मस्तिष्क में ऑक्सीजन से युक्त रक्त की स्थायी रुकावट आने पर मस्तिष्क की कोशिकाएँ मरने लगती हैं, जिससे मस्तिष्क आघात (Brain Stroke) हो सकता है।

अनियंत्रित अति तनाव से हमारी स्मरणशक्ति पर बुरा प्रभाव पड़ता है और इससे सीखने, समझने, याद करने और तर्क करने की क्षमता प्रभावित होती है।

मोटापा या मेदुरता (Obesity)

शरीर में वसा (Fat) की अधिकता के कारण होनेवाले विकार को मोटापा कहते हैं। इससे वजन बढ़ता है और स्वास्थ्य संबंधी समस्याएँ पैदा हो जाती हैं। आवश्यकता से अधिक भोजन या अत्यधिक वसायुक्त भोजन करने से शरीर में कैलोरी की मात्रा सामान्य से अधिक होकर शरीर में जमा होने लगती है, जो मोटापे या सामान्य से अधिक वजन के रूप में हमारे सामने आता है। आरामदेह जीवन-शैली अपनाने, व्यायाम, योगाभ्यास आदि न करने से भी शारीरिक गतिविधियाँ कम हो जाती हैं और शरीर में भोजन के रूप में जानेवाली

कैलोरी न जल पाने के कारण शरीर में जमा होने लगती है और मोटापे को जन्म देती है। कई बार कुछ दवाइयों के सेवन से भी मोटापा बढ़ता है। आनुवंशिक और सामाजिक कारणों से भी कई बार यह समस्या जन्म लेती है।

कोई व्यक्ति स्वयं पता लगा सकता है कि वह अधिक वजन का है या मोटा है, इसके लिए शरीर द्रव्यमान सूचकांक (Body Mass Index) ज्ञात किया जाता है। इसके अंतर्गत व्यक्ति के वजन (किलोग्राम में) को उसकी ऊँचाई के वर्ग (वर्ग मीटर में) से भाग दिया जाता है। विश्व स्वास्थ्य संगठन के अनुसार 18 वर्ष या इससे अधिक आयु की महिलाओं और पुरुषों के लिए शरीर द्रव्यमान सूचकांक (Body Mass Index) की सीमा इस प्रकार है—

श्रेणी (Category)	शरीर द्रव्यमान सूचकांक की सीमा किग्रा./मी.^{2} (Body Mass Index Range Kg/m^2)
अत्यधिक दुबला	<16
मध्यम दुबला	16–17
थोड़ा दुबला	17–18.5
सामान्य	18.5–25
सामान्य से अधिक वजन	25–30
मोटापा श्रेणी-I	30–35
मोटापा श्रेणी-II	35–40
मोटापा श्रेणी-III	>40

इस सूची से स्पष्ट है कि सामान्य तौर पर एक व्यक्ति को अपना शरीर द्रव्यमान सूचकांक (Body Mass Index) 25 किग्रा./मी. के नीचे रखने का प्रयास करना चाहिए, लेकिन उसे ऐसा करने से पहले चिकित्सक की सलाह अवश्य लेनी चाहिए कि इस हेतु उसे अपनी जीवन-शैली में बदलाव करने की आवश्यकता है भी या नहीं, क्योंकि शरीर द्रव्यमान सूचकांक (Body Mass Index) शरीर के अधिक या कम वजन की माप करता है, शरीर में कितना

वसा (Fat) है, इसकी जाँच नहीं करता। यह आयु, लिंग, देश, मांसपेशियों के वजन और शारीरिक गतिविधियों के अनुसार स्वस्थ व्यक्ति के लिए कम अथवा अधिक हो सकता है।

अत्यधिक वजन या मोटापे के कारण जो समस्याएँ पैदा होती हैं, वे निम्नलिखित हैं—

- उच्च रक्तचाप
- बैड कोलेस्ट्रॉल का बढ़ना और गुड कोलेस्ट्रॉल का घटना
- टाइप-2 डायबिटीज
- हृदय रोग
- पित्ताशय (Gallbladder) की बीमारी
- जोड़ों के घिस जाने के कारण ऑस्टियोआर्थराइटिस (Osteoarthritis)
- अनिद्रा और साँस फूलना या साँस लेने में परेशानी
- कुछ प्रकार के कैंसर
- मानसिक बीमारियाँ, जैसे—अवसाद (Depression), चिंता (Anxiety) आदि
- शरीर में दर्द होना तथा कुछ शारीरिक कार्य करने में दिक्कत होना
- सामान्य शरीर द्रव्यमान सूचकांक (Body Mass Index) के लोगों की तुलना में मृत्युदर अधिक होना
- जीवन की गुणवत्ता में कमी आना

मोटापे या मेदुरता को कम या नियंत्रित करने के लिए निम्नलिखित उपाय किए जाने चाहिए—

(क) वसायुक्त भोजन और चीनी का भोजन में सेवन कम करना चाहिए।

(ख) फलों और फली तथा हरी सब्जियों, साबुत और रेशेदार अनाज को भोजन में स्थान देना चाहिए।

(ग) वयस्कों को प्रति सप्ताह के 5 दिन तक 150 मिनट तक तथा बच्चों को 60 मिनट तक व्यायाम करना चाहिए।

(घ) पैक्ड फूड और जंक फूड तथा कोल्ड ड्रिंक में वसा और चीनी की मात्रा अधिक हो सकती है, इसलिए इनसे बचा जाना चाहिए।

विश्व स्वास्थ्य संगठन की एक रिपोर्ट के अनुसार दुनिया भर में मोटापे की समस्या सन् 1975 की तुलना में आज 3 गुना बढ़ गई है। सन् 2016 में दुनिया में 190 करोड़ वयस्क अधिक वजन की समस्या से ग्रसित थे, जिनमें 65 करोड़ लोग मोटापे की समस्या से ग्रसित थे। सन् 2016 में 5-19 साल की आयु के 34 करोड़ बच्चों और युवाओं में मोटापे की समस्या मौजूद थी। सन् 2016 में दुनिया के 19 प्रतिशत पुरुष तथा 18 प्रतिशत महिलाएँ इस समस्या से ग्रसित थीं। साल 2016 में दुनिया की 13 प्रतिशत वयस्क आबादी में अधिक वजन की समस्या थी। विश्व स्वास्थ्य संगठन के साल 2020 के आँकड़ों के अनुसार 5 साल से कम उम्र के बच्चों में 3.9 करोड़ बच्चे मोटापे की समस्या से जूझ रहे हैं। कोविड संक्रमण के बाद भारत सहित विश्व के अनेक देशों में हुए लॉकडाउन के बाद मोटे लोगों की संख्या में अप्रत्याशित वृद्धि हुई है, जिसके आँकड़े जारी होने के बाद यह संख्या और बढ़ सकती है।

वर्ष 2004 में मोटापे के संबंध में वर्ल्ड हेल्थ असेंबली में पारित प्रस्ताव के बाद इसे 2011 में पुनः मान्यता दी गई और विश्व स्वास्थ्य संगठन ने गैर-संचारी रोगों के विषय में घोषणा करते हुए कहा कि स्वास्थ्यवर्धक भोजन तथा नियमित व्यायाम के लिए आवश्यक कदम उठाए जाने चाहिए। दुनिया के सभी देशों से अपील की गई कि वे इस संबंध में जनता को जागरूक किए जाने हेतु आवश्यक उपाय करें।

कब्ज (Constipation)

यदि कोई व्यक्ति सप्ताह में 3 से कम बार मल त्याग करता है और उसे मल त्याग करने में दर्द या परेशानी होती हो, कठोर, सूखा और दुर्गंधपूर्ण मल आता हो और यह महसूस होता हो कि पेट पूर्णतः साफ नहीं हुआ है तो यह माना जाता है कि वह व्यक्ति कब्ज की समस्या से ग्रसित है। इसके अतिरिक्त मलद्वार से रक्तस्राव होने, मल में रक्त आने, पेट में लगातार दर्द होने, पेट से गैस निकलने में दिक्कत होने, कई बार उल्टियाँ, बुखार और/या पिंडलियों, सिर या पीठ के निचले हिस्से में दर्द होने और लगातार वजन गिरने के पीछे भी कब्ज

को उत्तरदायी माना जाता है। कब्ज के अन्य लक्षणों में बदहजमी, जीभ का रंग सफेद होना, मुँह में छाले होना और मुँह से दुर्गंध आना प्रमुख हैं।

एक व्यक्ति को कब्ज होने के कई कारण हो सकते हैं, जो निम्नलिखित हैं—

- बड़ी आँत से मल का धीरे-धीरे निकलना
- आँत का ऑपरेशन होने के कारण मल त्याग में देरी होना
- गैस या खट्टी डकार की समस्या होना

जब किसी व्यक्ति की दिनचर्या में अस्वास्थ्यकर परिवर्तन होता है तो उसे कब्ज की शिकायत हो सकती है। गर्भावस्था में, उम्र बढ़ने से, यात्रा करने से, मल त्याग की इच्छा होने पर भी मल त्याग न करने से, कुछ दवाइयों के दुष्प्रभावों से और खानपान में बदलाव तथा जंक फूड लेने से, वसायुक्त, तला और अधिक मिर्च-मसालेदार भोजन करने से तथा आवश्यकता से अधिक भोजन करने से भी यह समस्या आती है। इसके अलावा कम पानी पीने से या निर्जलीकरण (Dehydration) से, शारीरिक श्रम कम करने अथवा न करने से, सीलियक या आँत रोग के कारण, दर्दनिवारक दवाओं के सेवन से, गैस, पेट में सूजन और पेट फूलने से, हाइपोथाइरायडिज्म रोग से, पार्किंसन रोग से, रीढ़ की हड्डी या मस्तिष्क में चोट लगने से, आँतों में ट्यूमर या रुकावट आने से भी कब्ज की शिकायत हो सकती है। रात में देर तक जागने, समय पर भोजन न करने, रात में देर से भोजन करने, अधिक मात्रा में चाय, कॉफी का सेवन करने, तंबाकू या सिगरेट पीने, भोजन पचे बिना दोबारा भोजन कर लेने, चिंता या तनावयुक्त जीवन जीने, हार्मोन्स के असंतुलन आदि से भी कब्ज की समस्या हो सकती है।

कब्ज होने से अनेक समस्याएँ हो सकती हैं। जिन लोगों को कब्ज की समस्या होती है, उनके चेहरे पर ताजगी और स्फूर्ति नहीं रहती, उन्हें दिन भर थकान महसूस होती है, क्योंकि पेट साफ न होने से शरीर के अंदर कार्बोहाइड्रेट का स्तर बढ़ने लगता है और शरीर में कई गैसें बनने लगती हैं, जिनका सीधा प्रभाव शरीर को ऊर्जा प्रदान करनेवाली कोशिकाओं पर पड़ता है। मल त्याग करते समय ओस्ट्रॉजेन (Oestrogen) नामक हॉर्मोन शरीर से निकलता है, जो मोटापे का कारण होता है। कब्ज के कारण यह हॉर्मोन शरीर के बाहर नहीं निकल

पाता और यह बार-बार पाचन-तंत्र में शामिल हो जाता है, जिससे वजन बढ़ने लगता है। प्रतिदिन मल त्याग न करने से शरीर में विषैले टॉक्सिन बनने लगते हैं, जो रक्त में मिलकर हमारे रक्त को दूषित कर देते हैं, जिससे त्वचा बेजान होने लगती है और चेहरे पर कील-मुँहासे की समस्या हो जाती है। कब्ज से नाखून कमजोर हो सकते हैं और बालों के झड़ने की समस्या उत्पन्न हो सकती है। कब्ज की वजह से शरीर में विषाणु, हानिकारक जीवाणु तथा कैंसर पैदा करनेवाली कोशिकाएँ विकसित हो सकती हैं। लंबे समय तक कब्ज होने से मूत्राशय में भी संक्रमण हो सकता है।

लगातार कब्ज होने से मल द्वार पर सूजन और दाने होने से बवासीर (Piles) या फिशर की समस्या हो सकती है और वैरिकोसील रोग (नसों की खराबी) हो सकता है, जो पुरुषों की प्रजनन क्षमता को प्रभावित कर सकता है। मल त्याग करने के लिए अधिक जोर लगाने से हर्निया की बीमारी भी हो सकती है।

योग में कब्ज के उपचार के लिए जो आसन करने की सलाह दी गई है, उनमें पवनमुक्तासन, हलासन, अर्धमत्स्येंद्रासन, मयूरासन और सुप्तमत्स्येंद्रासन शामिल हैं। भारतीय आयुर्वेदिक चिकित्सा पद्धति में इसे वात के कारण होनेवाले रोग की संज्ञा दी गई है और त्रिफला चूर्ण को इसमें अत्यधिक लाभकारी माना गया है। घरेलू उपचारों में मुनक्के, एरंड का तेल, बेल का शरबत, काला नमक मिश्रित भुना हुआ जीरा-अजवायन, गुड़ मिश्रित मुलेठी का चूर्ण, गरम पानी के साथ भुनी सौंफ, भिगोया हुआ चना, चिचिंडा, अलसी, काला नमक मिश्रित नीबू का रस, ईसबगोल की भूसी, देसी घी, मिसरी, गरम दूध आदि में से किसी का भी सेवन करने से कब्ज में लाभ होता है।

कब्ज को दूर करने के लिए आवश्यक है कि व्यक्ति पर्याप्त व्यायाम और शारीरिक श्रम करे, भोजन में साबुत और रेशेदार अनाज तथा सब्जियों का प्रयोग करे, मौसमी फल खाए और अत्यधिक तेलयुक्त व मसालेदार भोजन, मैदे से निर्मित भोजन, जंक फूड और पैक्ड फूड से बचें। कब्ज के रोगी को दूध तथा पनीर का सेवन नहीं करना चाहिए। फलों में अंगूर, पपीता, खुबानी, अंजीर, अनन्नास और नाशपाती कब्ज में विशेष लाभदायक हैं। सब्जियों में पत्तागोभी, गाजर, ब्रोकली, पालक तथा हरी पत्तेदार सब्जियों का सेवन कब्ज में फायदेमंद

है। इसके अतिरिक्त भोजन के सुचारु पाचन के लिए प्रतिदिन 8–10 गिलास पानी पीना चाहिए और छाछ या मट्ठा तथा दही जैसे तरल पदार्थों को भोजन में शामिल करना चाहिए। प्रयास यह करना चाहिए कि समय पर सोएँ और समय पर भोजन करें। देर रात तक जागने और देर रात में भोजन करने से बचना चाहिए। कोशिश करनी चाहिए कि तनाव आपके जीवन में न आने पाए। योगाभ्यास और ध्यान से तनाव को दूर रखा जा सकता है। अधिक समस्या होने पर डॉक्टर को दिखाना चाहिए और उनके द्वारा दी गई दवाएँ या टेस्ट करवाने की सलाह तथा परहेज का अक्षरशः पालन करना चाहिए।

डायरिया, अतिसार या दस्त (Diarrhoe)

डायरिया या अतिसार का इतिहास बहुत पुराना है। सभ्यता के प्राचीन अभिलेखों में इस रोग का वर्णन मिलता रहा है। युद्धों, भीड़भाड़ तथा गंदगी के कारण डायरिया होने की चर्चा सैकड़ों सालों से होती रही है, विशेषकर शिशुओं की अकाल मृत्यु के लिए चिरकाल तक यह रोग जिम्मेदार रहा है, लेकिन यह भी सच है कि आधुनिक काल से पहले तक इसका सटीक इलाज नहीं खोजा जा सका था। कई बार यह संक्रामक भी हो जाता है। इसकी भयावहता का अंदाजा इस तथ्य से लगाया जा सकता है कि दुनिया में प्रतिवर्ष 170 से 500 करोड़ तक डायरिया, अतिसार या दस्त के मामले पाए जाते हैं। विकासशील देशों में इनके मामले अत्यधिक होते हैं।

डायरिया, अतिसार या दस्त के लक्षण

डायरिया, अतिसार या दस्त अकसर एक या दो दिनों के बाद अपने आप ठीक हो जाता है, लेकिन जब यह कई दिनों तक जारी रहता है तो शरीर में पानी की कमी होने लगती है और शरीर में पोषक तत्त्वों की कमी से कमजोरी आने लगती है और कभी-कभी यह भयावह स्थिति तक पहुँचकर प्राणघातक हो सकता है। विश्व स्वास्थ्य संगठन के अनुसार यदि एक दिन में तीन से अधिक बार मल त्याग करने जाना पड़े और पतले एवं पानीदार दस्त हो रहे हों, तो यह अवस्था डायरिया या अतिसार की हो सकती है।

किसी रोगी में डायरिया या अतिसार के जो लक्षण देखे जाते हैं, वे इस प्रकार हैं—

- बार-बार पतले और पानीदार दस्त होना
- पेट में दर्द या गुड़गुड़ाहट होना
- उल्टी आना
- जी मिचलाना
- पेट में सूजन होना
- बुखार आना
- मल में खून आना
- मल में म्यूकस आना
- बार-बार मल त्याग करने की इच्छा होना
- खूनी या काला मल आना

डायरिया, अतिसार या दस्त के कारण

अतिसार या डायरिया के कई कारण हो सकते हैं, जिनमें स्वच्छता की कमी, दूषित पानी पीना, अस्वस्थ माहौल में रहना, निर्धनता, पशुओं के साथ अस्वच्छ परिस्थितियों में रहना, बासी भोजन करना, शरीर में विटामिन 'ए' और जिंक की कमी होना आदि प्रमुख हैं। कोविड-19 रोग के लिए जिम्मेदार विषाणु को कई बार डायरिया या अतिसार के लक्षणों, जैसे आंत्रगैस या गैस्ट्रोइंटेस्टिनल (Gastrointestinal) के लक्षण (जी मिचलाना, उल्टियाँ होना और दस्त) से भी जोड़कर देखा गया है। इनके अतिरिक्त शरीर में जिनके आक्रमण से यह रोग विकसित होता है, उनके संक्षिप्त विवरण निम्नवत् हैं—

(क) विषाणु या वायरस (Virus) : अनेक ऐसे विषाणु हैं, जिनके कारण अतिसार या डायरिया विकसित होने की आशंका रहती है। बच्चों में अतिसार या डायरिया का सबसे बड़ा कारण रोटा वायरस या रोटा विषाणु होता है। इसके अतिरिक्त नोरवॉक या नोरो (Norwalk Virus) विषाणु, एंटेरिक एडीनो (Enteric adeno Virus) विषाणु, साइटोमेगालो (Cytomegalo Virus) विषाणु और वायरल हेपेटाइटिस (Viral Hepatitis) भी अतिसार या डायरिया के लिए उत्तरदायी विषाणु या वायरस हैं।

(ख) जीवाणु अथवा बैक्टीरिया या परजीवी अथवा पैरासाइट (Bacteria or Parasite) : बासी या दूषित भोजन लेने अथवा दूषित पानी पीने से किसी व्यक्ति का शरीर ई कोलाई जैसे जीवाणु की चपेट में आ सकता है, जिससे उसे अतिसार या डायरिया हो सकता है। कई बार कुछ देशों की अस्वच्छकर परिस्थितियों में यात्रा करने से जीवाणुओं अथवा परजीवियों की चपेट में आने से डायरिया या अतिसार होता है, जिसे यात्रा डायरिया या ट्रैवलर्स डायरिया कहते हैं। कलोस्ट्रीडायोडिस डिफिसाइल एक अन्य जीवाणु है, जिसके कारण यह रोग होता है। कई बार एंटीबायोटिक दवाइयों के कारण यह जीवाणु आक्रमण करता है और इससे अतिसार या डायरिया हो सकता है। कुछ लोगों को अत्यधिक तनाव होने पर भी इसकी शिकायत हो जाती है।

(ग) दवाइयाँ (Medications) : कुछ एंटीबायोटिक दवाइयों के कारण अतिसार या डायरिया होने की चर्चा पहले की जा चुकी है। एंटीबायोटिक दवाइयों का काम बुरे जीवाणुओं को नष्ट करना है, लेकिन ये अच्छे जीवाणुओं को भी मार देती हैं, इससे हमारी आँतों में मौजूद जीवाणुओं का प्राकृतिक सिस्टम प्रभावित होता है, जिससे अतिसार या डायरिया हो सकता है। कैंसररोधी दवाइयों तथा मैग्नीशियम युक्त एंटेसिड से भी अतिसार या डायरिया होने की आशंका रहती है।

(घ) लैक्टोज से एलर्जी (Lacotose Intolerance) : दूध तथा अन्य डेयरी उत्पादों में पाई जानेवाली शुगर या शर्करा को 'लैक्टोज' कहते हैं। जिन लोगों को लैक्टोज को पचाने में दिक्कत होती है, उन्हें दुग्ध या दुग्ध से निर्मित उत्पादों के सेवन से अतिसार या डायरिया की समस्या हो सकती है। उम्र बढ़ने के साथ ऐसे लोगों में यह समस्या बढ़ती जाती है, क्योंकि ज्यों-ज्यों किसी व्यक्ति की उम्र बढ़ती जाती है, त्यों-त्यों उसके शरीर में लैक्टोज को पचानेवाले एंजाइम का स्तर कम होता जाता है।

(ङ) फ्रक्टोज से एलर्जी (Fructose Intolerance) : फलों तथा शहद एवं इससे बननेवाले उत्पादों में पाई जानेवाली शुगर या शर्करा को 'फ्रक्टोज' कहते हैं। कुछ पेय पदार्थों में इसका उपयोग मिठास बढ़ाने के लिए किया जाता है। जिन लोगों को फ्रक्टोज को पचाने में दिक्कत होती है, उन्हें फलों

तथा शहद एवं इससे बननेवाले उत्पादों में पाए जानेवाले फ्रक्टोज के सेवन से अतिसार या डायरिया की समस्या हो सकती है।

(च) कृत्रिम रूप से मीठा करनेवाले पदार्थ या स्वीटनर (Artificial Sweeteners) : सॉरबिटोल (Sorbitol), एराइथ्रिटॉल (Erythritol), और मैनिटॉल (Mannitol) जैसे कृत्रिम रूप से मीठा करनेवाले पदार्थ या कृत्रिम स्वीटनर से अतिसार या डायरिया की समस्या हो सकती है। कृत्रिम स्वीटनर च्यूइंग गम तथा अनेक अन्य शुगर फ्री उत्पादों में पाया जाता है, जिसके कारण कई बार स्वस्थ व्यक्तियों को भी अतिसार या डायरिया की समस्या हो सकती है।

(छ) सर्जरी या ऑपरेशन (Surgery) : ऑपरेशन के माध्यम से आँतों या गॉल ब्लैडर को आंशिक रूप से हटाए जाने के कारण अतिसार या डायरिया की समस्या हो सकती है। कई बार विकिरण चिकित्सा (Radiation Therapy) के कारण भी यह समस्या आती है।

(ज) अन्य पाचन संबंधी गड़बड़ियों से (Other Digestive Disorders) : अतिसार या डायरिया पाचन संबंधी अन्य समस्याओं और बीमारियों से भी हो सकता है, जिनमें IBS, क्रॉन्स रोग (chron's Disease), अलसरेटिव कोलाइटिस (Ulcerative Colitis), माइक्रोस्कोपिक कोलाइटिस (Microscopic Colitis), ग्लूटन न पचने से होनेवाला सीलियक रोग (Celiac Disease) और छोटी आँत में जीवाणुओं की अति वृद्धि (SIBO or Smaal Intestinal Bacterial Overgrowth) प्रमुख हैं।

(झ) कुपोषण से : विकासशील देशों में 0–5 वर्ष के बच्चों में कुपोषण एक बहुत बड़ी समस्या है। इन देशों में कुपोषण के कारण बड़ी संख्या में छोटे और नवजात शिशुओं की मृत्यु हो जाती है। कुपोषण के परिणामस्वरूप होनेवाला अतिसार या डायरिया इसका प्रमुख कारण होता है।

डायरिया, अतिसार या दस्त के दुष्प्रभाव

डायरिया, अतिसार या दस्त से शरीर का निर्जलीकरण (Dehydration) होने लगता है, अर्थात् शरीर में जल की कमी होने लगती है, जिसका समुचित

इलाज न किए जाने पर जान जाने का खतरा हो सकता है। विशेषकर छोटे बच्चों, बुजुर्गों एवं कमजोर प्रतिरोधक क्षमतावाले लोगों के लिए निर्जलीकरण जानलेवा सिद्ध हो सकता है।

यदि किसी व्यक्ति में निर्जलीकरण के गंभीर लक्षण दिखें तो उसे तुरंत चिकित्सीय सहायता दी जानी चाहिए।

वयस्कों में निर्जलीकरण के संकेतक

वयस्कों में निर्जलीकरण के संकेतक निम्नलिखित हैं—

- अत्यधिक प्यास लगना
- मुँह सूखना और त्वचा का रूखा होना
- कम या बिल्कुल भी पेशाब न होना
- कमजोरी महसूस करना, सिर चकराना या चक्कर आना
- थकान महसूस करना
- पीले या गाढ़े रंग का पेशाब आना
- हृदय गति का बढ़ जाना

शिशुओं और छोटे बच्चों में निर्जलीकरण के संकेतक

शिशुओं और छोटे बच्चों में निर्जलीकरण के संकेतक निम्नलिखित हैं—

- तीन घंटे से अधिक समय तक पेशाब न आना
- मुँह सूखना और त्वचा का रूखा होना
- 102 फॉरेनहाइट अथवा 39 डिग्री सेल्सियस से अधिक तेज बुखार होना
- बिना आँसुओं के रोना और चिल्लाना
- उनींदा रहना, प्रतिक्रियाशून्य हो जाना या चिड़चिड़ापन होना
- पेट, आँखों अथवा गालों का धँस जाना

बचपन में अतिसार या डायरिया के कारण शरीर में खनिज तत्त्वों और जल की कमी हो जाती है, जिससे आगे चलकर बच्चे का शारीरिक और मानसिक विकास कम हो सकता है या रुक सकता है। अतिसार या डायरिया से किडनी

के प्रभावित होने तथा शरीर की रोग प्रतिरोधक क्षमता के कमजोर होने की भी आशंका रहती है।

डायरिया, अतिसार या दस्त की रोकथाम

डायरिया, अतिसार या दस्त की शुरुआत होते ही ORS या Oral Rehydration Salt को पानी में घोलकर पिलाना चाहिए। यह डायरिया, अतिसार या दस्त के कारण हुए निर्जलीकरण से होनेवाली पानी तथा अन्य पदार्थों की कमी को दूर करने का सर्वश्रेष्ठ प्राथमिक उपाय है। यह डायरिया, अतिसार या दस्त की रोकथाम का सस्ता और बेहद प्रभावशाली उपाय है। इस घोल को बाजार से खरीदकर इस्तेमाल किया जा सकता है और इसे स्वयं घर में भी बनाया जा सकता है। इसे घर में बनाना बेहद आसान है। इसके लिए 6 चम्मच चीनी को आधे चम्मच नमक में मिलाकर एक लीटर शुद्ध जल में घोलकर रख लिया जाना चाहिए। आपका ORS या Oral Rehydration Salt का घोल तैयार है। इसे साफ बरतन में रखकर प्यास लगने पर या दिन में कई बार पिलाना चाहिए। एक बार में तैयार किए गए ORS या Oral Rehydration Salt को 24 घंटे के अंदर ही इस्तेमाल में लाया जाना चाहिए और आवश्यकता पड़ने पर पुनः ताजा घोल तैयार किया जाना चाहिए। तैलीय, तीखा और मसालेदार भोजन लेने के स्थान पर BRAT डाइट, अर्थात् Bananas (केले), Rice (चावल), Apple Sauce (सेब का सॉस) और Toast (सफेद ब्रेड) लेने से भी डायरिया, अतिसार या दस्त में लाभ होता है।

इसके अतिरिक्त शरीर में जिंक की कमी दूर करने के लिए डॉक्टर की सलाह से जिंक की टेबलेट ली जा सकती है। इसके अलावा नवजात शिशुओं को स्तनपान करते रहने से भी इसमें लाभ होता है, अधिक पानीयुक्त हलका और सुपाच्य भोजन, जैसे मूँग की दाल की खिचड़ी आदि लेने, गाजर का सूप पीने तथा चावल का माँड़ पीने से भी रोगी को लाभ होता है। छोटे बच्चों को संतरे का जूस पिलाना और केला मसलकर खिलाना, नारियल पानी पिलाना, ताजे फलों का जूस देना भी लाभदायक हो सकता है, लेकिन चिकित्सीय परामर्श लेना सर्वश्रेष्ठ विकल्प है। कोशिश यह करनी चाहिए कि उबालने के बाद ठंडा हुआ

पानी ही रोगी को दिया जाए, ताकि उसकी अशुद्धियाँ नष्ट हो सकें। रोगी को गैस बढ़ानेवाली सब्जियाँ खाने से परहेज करना चाहिए, जिनमें राजमा, लोबिया, सेम आदि फलीदार सब्जियाँ, बंद गोभी आदि आती हैं। इनके स्थान पर भोजन में आलू, सफेद चावल, नूडल्स और मछली को शामिल किया जा सकता है।

डायरिया, अतिसार या दस्त की रोकथाम के लिए हमें इन उपायों को अमल में लाना चाहिए—

- **बार-बार हाथ धोना :** टॉयलेट जाने के बाद, डायपर बदलने के बाद, छींकने, कफ आने और नाक पोंछने के बाद, कच्चा मीट धोने, खाना बनाने से पहले और खाना बनाने के बाद अपने हाथों को अच्छी तरह साबुन से साफ करना चाहिए।

- **20 सेकंड तक साबुन से हाथ साफ करना :** हाथों में साबुन लगाने के बाद कम-से-कम 20 सेकंड तक अपने दोनों हाथों को रगड़-रगड़कर साफ करना चाहिए। साफ करते समय दोनों हाथों के ऊपर-नीचे, हाथों की सभी अंगुलियों, उनके सभी नाखूनों तथा दो अंगुलियों के बीच के स्थानों की अच्छी तरह सफाई करनी चाहिए, ताकि हाथ की सारी गंदगी दूर हो सके।

- **सैनिटाइजर का इस्तेमाल करना :** जब साबुन से हाथ धोना किसी कारणवश संभव न हो तो अल्कोहल आधारित हैंड सैनिटाइजर का इस्तेमाल हाथों को साफ करने के लिए किया जाना चाहिए। इसके लिए हैंड सैनिटाइजर के लोशन को हथेली पर लेकर उसे दोनों हाथों पर ऊपर-नीचे तक सभी ओर अच्छी तरह फैलाना चाहिए, ताकि सभी जगहों को सैनिटाइज या संक्रमण मुक्त किया जा सके। हैंड सैनिटाइजर लेते समय इस बात की पुष्टि अवश्य कर लेनी चाहिए कि सैनिटाइजर में कम-से-कम 60 प्रतिशत अल्कोहल अवश्य मिश्रित हो।

- **टीकाकरण (Vaccination) :** छोटे बच्चों में डायरिया, अतिसार या दस्त की रोकथाम के लिए और इस हेतु सर्वाधिक जिम्मेदार रोटा विषाणु से बचाने के लिए डॉक्टर की सलाह लेकर एक या दो टीके निर्धारित आयु में अवश्य लगवाने चाहिए।

- **भोजन पर विशेष ध्यान देना :** जो भोजन हम ग्रहण करने जा रहे हैं, उस पर विशेष ध्यान देना चाहिए। हमेशा ताजा और अच्छी तरह से पकाया

गया भोजन ही करना चाहिए। बिना धोए और अच्छी तरह साफ किए कोई भी फल या सब्जी नहीं खानी चाहिए। संभव हो तो छिलके उतारकर ही फलों और सब्जियों का सेवन करें तो बेहतर होगा। कच्चा, अधपका और अस्वच्छ या अस्वस्थ माहौल में बना भोजन नहीं करना चाहिए। अधपका मीट और डेयरी फूड नहीं खाना चाहिए।

• **पेय पदार्थों पर ध्यान देना :** जो पेय पदार्थ हम पीने जा रहे हैं, उस पर विशेष ध्यान देना चाहिए। जो पानी हम पी रहे हैं, उसके स्वच्छ और स्वास्थ्यकर होने की अच्छी तरह जाँच करने के बाद ही उसे पीना चाहिए। उबालने के बाद ठंडा किया हुआ पानी पीना सबसे अच्छा विकल्प है। विशेषकर सार्वजनिक स्थानों पर इस बात का ध्यान रखना चाहिए कि पानी, सोडा और ठंडे पेय बोतलबंद हों एवं स्वच्छता और शुद्धता के मानकों पर खरे उतरते हों। टंकी के पानी और आइस क्यूब के इस्तेमाल से परहेज करना चाहिए। कॉफी और चाय पानी को उबालकर तैयार किए जाते हैं, इसलिए ये अपेक्षाकृत सुरक्षित पेय पदार्थ हैं। इस बात का अवश्य ध्यान रखें कि कैफीन और अल्कोहल डायरिया या अतिसार को बढ़ाता है तथा निर्जलीकरण की गति को तीव्र करता है, इसलिए ऐसी स्थिति होने पर इनका सेवन न करें।

• **प्रदूषित और गंदे क्षेत्रों में जाने से बचना :** जो शहर या इलाके अत्यधिक प्रदूषित हैं, वहाँ जाने से परहेज करना चाहिए और जिस इलाके में आप निवास करते हैं, उसे स्वस्थ, स्वच्छ और सुरक्षित बनाने के लिए व्यक्तिगत तथा सामूहिक स्तर पर प्रयास करना चाहिए।

• **शहर में कीटनाशकों का समय-समय पर छिड़काव कराना :** शहर में कीटनाशकों का समय-समय पर छिड़काव कराने से अतिसार या डायरिया फैलानेवाले कीड़े तथा मल और गंदगी पर बैठनेवाली मक्खियाँ मर जाती हैं, जिनसे इस रोग के फैलने की सर्वाधिक आशंका होती है।

टाइफाइड या आंत्र ज्वर (Typhoid)

टाइफाइड या आंत्र ज्वर संक्रमण से होनेवाला एक प्रकार का बुखार है, जो दूषित पानी और भोजन से होता है। जीवाणुओं से दूषित टॉयलेट का प्रयोग

करने, बिना हाथ धोए अपने हाथों से बार-बार मुँह को छूने, शौच के बाद हाथ को ठीक तरह से न साफ करने, प्रदूषित स्थान पर उगाई गई सब्जियों को खाने, दूषित दुग्ध उत्पादों के सेवन करने और प्रदूषित जल से प्राप्त समुद्री भोजन (Sea Food) को खाने से भी टाइफाइड या आंत्र ज्वर की शिकायत हो सकती है। यह सैल्मोनेला टाइफी (Salmonella Typhi) नामक जीवाणु या बैक्टीरिया के कारण होता है। आज भी यह विकासशील देशों के लोगों, विशेषकर बच्चों के लिए गंभीर चुनौती बना हुआ है।

टाइफाइड या आंत्र ज्वर के लक्षण

टाइफाइड या आंत्र ज्वर में जीवाणु के संक्रमण के 6 दिन से लेकर 30 दिनों की अवधि में रोगी को लक्षण दिखाई देने लगते हैं। इसमें रोगी को 103 से 104 फॉरेनहाइट के आसपास तक बुखार रहता है और निम्नलिखित अन्य लक्षण परिलक्षित होते हैं—

- कमजोरी
- पेट में दर्द
- सिर दर्द
- डायरिया या कब्ज
- उल्टी और पेचिश होना
- सूखा कफ आना
- भूख कम होते जाना
- लाल या गुलाबी रंग के चकत्ते हो जाना
- मांसपेशियों में दर्द होना
- लगातार वजन कम होना
- पेट में सूजन होना

किसी व्यक्ति को टाइफाइड या आंत्र ज्वर है अथवा नहीं, यह जानने का उपाय रोगी के रक्त या मल की जाँच करना है। यदि रक्त अथवा मल में सैल्मोनेला टाइफी (Salmonella Typhi) नामक जीवाणु पाया जाता है तो इसकी पुष्टि हो जाती है कि रोगी टाइफाइड या आंत्र ज्वर से पीड़ित है। यदि

किसी व्यक्ति में ऊपर दिए गए लक्षणों में से कुछ लक्षण हैं तो उसे फौरन चिकित्सक की सलाह लेनी चाहिए।

संपूर्ण विश्व में बच्चों को इस रोग से ग्रसित होने का खतरा सर्वाधिक होता है, क्योंकि उनकी रोग प्रतिरोधक क्षमता अपेक्षाकृत कम होती है। यदि आप टाइफाइड या आंत्र ज्वर से प्रभावित क्षेत्र में निवास कर रहे हैं तो अपने आसपास सफाई और स्वस्थ वातावरण रखने के लिए विशेष प्रयास करने चाहिए।

टाइफाइड या आंत्र ज्वर के दुष्प्रभाव

टाइफाइड या आंत्र ज्वर के अधिक समय तक बने रहने के कारण शरीर पर घातक दुष्प्रभाव पड़ सकते हैं। इसका सबसे घातक प्रभाव तीन सप्ताह बाद दिखाई दे सकता है, जिसमें रोगी की आँतों से खून आ सकता है या आँतों में छेद हो सकता है। इस स्थिति के आने पर छोटी आँत में छेद हो जाता है और आँत की सामग्री लीक होकर पेट में जाने लगती है, जिससे रोगी को असहनीय पेट दर्द होता है, उल्टियाँ होने लगती हैं और रक्त में संक्रमण (Sepsis) शुरू होने लगता है। इस प्राणघातक स्थिति में रोगी को तुरंत चिकित्सीय सहायता की आवश्यकता होती है। इसके अन्य अपेक्षाकृत कम दिखनेवाले प्रभाव निम्नलिखित हो सकते हैं—

- हृदय की पेशियों में सूजन आ जाना (Myocarditis)
- हृदय की प्रमुख रक्त-वाहिकाओं में संक्रमण हो जाना (Mycotic Aneyurysm)
- हृदय के किनारे और हृदय के वाल्व में सूजन आ जाना (Endocarditis)
- निमोनिया (Pneumonia) हो जाना
- अग्न्याशय में सूजन आ जाना (Pancreatitis)
- किडनी या गॉल ब्लैडर में संक्रमण हो जाना
- मस्तिष्क तथा रीढ़ की हड्डी के आसपास की झिल्लियों (Membranes) और तरल पदार्थ (Fluid) में संक्रमण और सूजन हो जाना (Meningitis)

- मानसिक समस्याएँ, जैसे प्रलाप (Delirium), मतिभ्रम (Hallucinations) और पागलपन (Paranoid Psychosis) भी बेहद कम मामलों में देखा जा सकता है।

टाइफाइड या आंत्र ज्वर की रोकथाम

टाइफाइड या आंत्र ज्वर से बचाव का सबसे बेहतर तरीका स्वच्छ और सुरक्षित पानी पीना, अपने आसपास बेहतर स्वच्छता रखना और आवश्यकता पड़ने पर उपयुक्त चिकित्सीय सुविधा का तुरंत उपलब्ध होना है। दुर्भाग्य से भारत सहित अनेक देशों में ये सुविधाएँ सभी जगह उपलब्ध नहीं हो सकी हैं। इस कारण विशेषज्ञों का मत है कि टीकाकरण इसकी रोकथाम का सबसे उपयुक्त और प्रभावी उपाय हो सकता है, लेकिन यह बेहद खर्चीली और समय एवं श्रमसाध्य प्रक्रिया है। इसलिए टाइफाइड या आंत्र ज्वर की रोकथाम के लिए इस रोग के प्रति जागरूकता और बचाव बेहतर विकल्प है, जिन्हें निम्नलिखित बिंदुओं में वर्णित किया जा सकता है—

- टाइफाइड या आंत्र ज्वर के संक्रमण से बचाव के लिए गरम पानी और साबुन से हाथ धोना सर्वश्रेष्ठ तथा प्रभावी उपाय है। भोजन बनाने और भोजन करने से पहले तथा टॉयलेट जाने के बाद हाथों को अच्छी तरह साबुन से धोना आवश्यक है। साबुन उपलब्ध न होने पर 60 प्रतिशत से अधिक अल्कोहल मिश्रित हैंड सैनिटाइजर से हाथों को अच्छी तरह साफ किया जाना चाहिए।
- जिन क्षेत्रों में टाइफाइड या आंत्र ज्वर संक्रामक रोग की तरह फैलता है, वहाँ के जलस्रोत दूषित हो चुके होते हैं। ऐसी जगहों पर स्वच्छ पेयजल उपलब्ध कराया जाना चाहिए और लोगों को स्वच्छता के लिए जागरूक किया जाना चाहिए।
- कई बार दूषित इलाकों में उगाई गई सब्जियों और फलों अथवा दूषित पानी से सब्जियों और फलों को धोने से टाइफाइड या आंत्र ज्वर होने की आशंका रहती है और हमें यह नहीं पता होता कि बाजार से खरीदकर घर लाई गई सब्जी और फल दूषित इलाकों में उगाए

गए हैं या नहीं या फिर उन्हें दूषित पानी से धोया गया है अथवा नहीं। इसलिए बेहतर है कि फलों और सब्जियों को घर पर अच्छी तरह धोकर और छीलकर ही प्रयोग में लाया जाए।

- कच्ची सब्जियों को खाने से बचना चाहिए। इसके स्थान पर उबालकर अथवा अच्छी तरह से पकाकर सब्जियों को खाना चाहिए। सड़क पर लगे खोंमचे और रेहड़ियों पर बना भोजन दूषित या असुरक्षित हो सकता है, इसलिए ऐसी जगहों पर भोजन करने से बचना चाहिए।

यदि इन उपायों के बावजूद अथवा किसी असावधानीवश कोई व्यक्ति टाइफाइड या आंत्र ज्वर की चपेट में आ जाता है तो उसे लक्षण दिखते ही या कुछ असामान्य महसूस होने पर तुरंत डॉक्टर की सलाह लेनी चाहिए और टाइफाइड या आंत्र ज्वर की पुष्टि होने पर उक्त चिकित्सक द्वारा सुझाए गए एंटीबायोटिक्स नियमानुसार लेते रहना चाहिए। नियमित इलाज और डॉक्टर के निर्देशों का पालन करने से इससे ग्रसित रोगी कुछ दिनों से लेकर कुछ सप्ताह तक की अवधि में ठीक हो जाता है, किंतु लापरवाही करने पर इसके कारण रोगी की आँत में छेद होने पर रोगी की सर्जरी करनी पड़ सकती है।

आहार में सुधार के लिए राष्ट्रीय तथा अंतरराष्ट्रीय कार्यक्रम और नीतियाँ

भारत में सर्वप्रथम सन् 1972 में भारतीय चिकित्सा एवं अनुसंधान परिषद् (Indian Council of Medical Research) के निर्देशन में राष्ट्रीय पोषण अनुश्रवण ब्यूरो (National Nutrition Monitoring Bureau) की स्थापना की गई। इसका लक्ष्य विभिन्न समुदायों के आहार तथा भोजन की आदतों के विषय में जानकारी एकत्र करना था। इसने सरकार की इस संबंध में चली आ रही नीतियों के मजबूत एवं कमजोर पक्षों को भी चिह्नित करने का काम किया। इस ब्यूरो ने केंद्रीय पोषण नीतियों के संबंध में अनेक सुझाव दिए। भारत सरकार के स्वास्थ्य मंत्रालय द्वारा सन् 2015 में इसे बंद कर दिया गया।

भारत में आहार में सुधार के लिए महिला और बाल कल्याण मंत्रालय द्वारा सन् 1993 में भारत सरकार द्वारा राष्ट्रीय आहार नीति की घोषणा की गई।

इसका उद्देश्य देश को कुपोषण से मुक्ति दिलाना और सभी के लिए समुचित पोषण के लक्ष्य को हासिल करने हेतु कार्यक्रम तैयार करना था। इसे दो भागों। दीर्घावधिक नीतियाँ और अल्पकालिक नीतियाँ में बाँटा गया। इसे लागू करने के लिए केंद्रीय, राज्यों तथा जनपद के स्तर पर समन्वय समितियों का गठन किया गया। इस नीति में पोषण को प्रभावित करनेवाले क्षेत्रों, जैसे—कृषि, खाद्य पदार्थों का उत्पादन एवं वितरण, शिक्षा, सूचना, स्वास्थ्य की देखभाल, सामाजिक न्याय, आदिवासी कल्याण, नगर एवं ग्राम विकास, श्रम, महिला एवं बाल विकास, विशिष्ट आवश्यकतावाले दिव्यांगों के लिए विशेष सुविधाएँ तथा नीतियों की निगरानी और अनुश्रवण पर विशेष बल दिया गया।

इसके लिए प्रत्यक्ष और अप्रत्यक्ष दो प्रकार की नीतियाँ तैयार की गईं। प्रत्यक्ष नीतियों में जिन बिंदुओं पर विशेष बल दिया गया, वे हैं—

- समाज के कमजोर और जरूरतमंद तथा कुपोषित लोगों (बच्चे, बुजुर्ग, गर्भवती महिलाएँ आदि) हेतु उपयुक्त पोषण सुनिश्चित करना।
- ग्रामीण एवं शहरी मलिन बस्तियों में रहनेवाले बच्चों को भी इसके अंतर्गत लाना।
- खाद्य पदार्थों में एक या एक से अधिक पोषक तत्त्वों की वृद्धि करना।
- कम मूल्य में पौष्टिक आहार उपलब्ध कराना तथा
- वंचित वर्गों में सूक्ष्म पोषक तत्त्वों की कमी दूर करने के उपाय करना।

अप्रत्यक्ष नीतियों के अंतर्गत सरकार ने निम्नलिखित बिंदुओं को शामिल किया—

- खाद्य सुरक्षा
- वहनीय कीमत पर पौष्टिक आहार उपलब्ध कराकर देश की आहार व्यवस्था में सुधार करना
- लोगों की क्रय शक्ति में वृद्धि करना
- लघु तथा मध्यम औद्योगिक इकाइयों को प्रोत्साहन देना
- खाद्य अपमिश्रण या खाद्य पदार्थों में मिलावट को रोकना
- विभिन्न संचार माध्यमों द्वारा पोषण की शिक्षा का प्रचार-प्रसार करना
- न्यूनतम मजदूरी की व्यवस्था सुनिश्चित करना

- महिलाओं को पुरुषों के समान मजदूरी की व्यवस्था सुनिश्चित करना
- पोषण से संबंधित कार्यक्रमों का सतत अनुश्रवण करना

सन् 1995 में भारत सरकार ने विद्यालयों में पौष्टिक भोजन की व्यवस्था सुनिश्चित करने के उद्देश्य से मध्याह्न भोजन योजना अथवा मिड-डे मील योजना (Mid-Day Meal Scheme) की शुरुआत की। इसका लक्ष्य स्कूल जानेवाले बच्चों के लिए उत्तम पोषण की व्यवस्था करना था। सरकारों द्वारा संचालित किए जानेवाले तथा सभी सहायतित प्राथमिक स्कूलों को इस योजना में शामिल किया गया। इस योजना के अंतर्गत सरकार द्वारा सभी बच्चों को दोपहर में पौष्टिक आहार उपलब्ध कराने की व्यवस्था की गई।

सन् 2013 में खाद्य सुरक्षा अधिनियम को संसद् द्वारा पारित किया गया। इसका उद्देश्य देश की 75 प्रतिशत ग्रामीण और 50 प्रतिशत शहरी आबादी को रियायती मूल्य पर कम-से-कम 5 किग्रा खाद्यान्न उपलब्ध कराना है और गर्भवती तथा स्तनपान करानेवाली महिलाओं को तथा उनके 6 से 14 साल के बच्चों को पोषण की सुविधा प्रदान करना है।

सन् 2018 में भारत सरकार ने राष्ट्रीय पोषण मिशन या 'पोषण अभियान' जैसे महत्त्वाकांक्षी कार्यक्रम की शुरुआत की है, जिसका लक्ष्य बच्चों, गर्भवती महिलाओं तथा स्तनपान करानेवाली महिलाओं में पोषण के स्तर को बढ़ाना है। मार्च 2018 में प्रधानमंत्री नरेंद्र मोदी ने इस अभियान की शुरुआत की। इसमें अनेक मंत्रालयों के सामंजस्य से भारत को कुपोषणमुक्त बनाने का संकल्प व्यक्त किया गया है।

इनके अतिरिक्त तीसरी पंचवर्षीय योजना से लेकर बारहवीं पंचवर्षीय योजना तक प्रत्येक योजना में महिलाओं एवं बच्चों के समुचित पोषण के लिए प्रावधान किए गए। भारत में पोषण से संबंधित जो अन्य कदम उठाए गए, उनमें बच्चों के लिए राष्ट्रीय नीति-1974, एकीकृत बाल विकास योजना-1975, राष्ट्रीय स्वास्थ्य नीति-2002, एनीमिया नियंत्रण नीति-1971, 1997, 2005-06, बच्चों के लिए राष्ट्रीय कार्ययोजना-2005, विटामिन 'ए' की कमी दूर करने हेतु नीति एवं पूरक योजना-1970, 1991 एवं 2006, बच्चों में अतिसार या डायरिया नियंत्रण के लिए संशोधित दिशा-निर्देश-2007, नवजात बच्चों

एवं शिशुओं के स्तनपान हेतु राष्ट्रीय दिशा-निर्देश-2004 एवं 2006, राष्ट्रीय घेंघा या गलगंड रोग (Goiter) नियंत्रण कार्यक्रम-1992, राष्ट्रीय आयोडीन अल्पता नियंत्रण कार्यक्रम-1992 और अत्यधिक कुपोषण प्रबंधन नीति-2011 प्रमुख हैं।

भारत में प्रतिवर्ष 01 सितंबर से 07 सितंबर तक 'राष्ट्रीय पोषण सप्ताह' मनाया जाता है। इस दौरान स्वास्थ्य तथा उत्तम पोषण के प्रति लोगों में जागरूकता जगाने का कार्य किया जाता है। भारत में सन् 1982 में सर्वप्रथम सरकार ने पोषण के प्रति जनता में जागरूकता लाने हेतु अभियान की शुरुआत की। सन् 2021 के पोषण सप्ताह की विषयवस्तु या थीम है—'Feeding Smart, Right From Start'।

यद्यपि सैकड़ों वर्षों से दुनिया में भोजन और पोषण का अध्ययन किया जा रहा है, लेकिन सन् 1926 में विटामिन को अलग करने तथा इसे रासायनिक रूप से परिभाषित करने से विश्व में पोषण के प्रति जागरूकता की शुरुआत हुई। सन् 1950 तक भोजन में विटामिन की खोज का दौर चलता रहा। सन् 1941 में पहली बार RDA की घोषणा की गई और कुछ चयनित पोषक तत्त्व, जैसे—प्रोटीन, कैल्सियम, फास्फोरस, आयरन एवं कुछ विटामिनों की चर्चा करते हुए कुल कैलोरी हेतु दिशा-निर्देश दिए गए।

सन् 1950 से 1970 के बीच की अवधि में कुपोषण तथा विटामिनों की कमी से शरीर पर पड़नेवाले प्रभावों का अध्ययन किया गया। एनसेल कीज, फ्रेडरिक स्टेयर और मार्क हेग्सटेड ने बताया कि शरीर में वसा (Fat) की अधिकता होना हृदय रोग का प्रमुख कारण है। इसी दौरान जॉन युडकिन ने शर्करा की अधिकता से हृदय की रक्त नलिकाओं की बीमारी होना सिद्ध किया। सन् 1975 में अमेरिका और ब्रिटेन ने कुपोषण का कारण भोजन में पोषक तत्त्वों की कमी है, इसकी अलग-अलग घोषणा की। सन् 1970 से 1990 की अवधि में भोजन में पोषक तत्त्वों की कमी के कारण लंबे समय तक चलनेवाली बीमारियों के विषय में अध्ययन किया गया, जिनमें मोटापा, कैंसर और टाइप-2 डायबिटीज प्रमुख हैं। सन् 1990 से वर्तमान समय तक का दौर इनसे संबंधित साक्ष्य जुटाने, आहार पैटर्न तय करने का दौर है।

रोग प्रतिरोधक क्षमता में वृद्धि करनेवाला भोजन

विश्व स्वास्थ्य संगठन (WHO) के अनुसार सभी प्रकार के कुपोषण से मुक्त रखने तथा गैर-संचारी रोगों (डायबिटीज, हृदय रोग, कैंसर आदि) से बचानेवाला भोजन स्वास्थ्यवर्धक आहार है। विश्व स्वास्थ्य संगठन की मान्यता है कि अनावश्यक वजन बढ़ने से रोकने के लिए भोजन में कुल ऊर्जा की 30 प्रतिशत से अधिक वसा नहीं होनी चाहिए। कुल ऊर्जा के 10 प्रतिशत से अधिक शर्करा का इस्तेमाल नहीं किया जाना चाहिए, इसे घटाकर यदि 5 प्रतिशत तक ले जाया जाए तो बेहतर होगा। भोजन में लवण या नमक की मात्रा 5 ग्राम प्रतिदिन (2 ग्राम प्रतिदिन सोडियम प्राप्ति के बराबर) से कम होनी चाहिए। विश्व स्वास्थ्य संगठन के सभी सदस्य इस पर सहमत हुए कि वे अपने-अपने देशों में वर्ष 2025 तक लवण उपभोग की मात्रा में 30 प्रतिशत तक की कटौती कर देंगे।

विश्व स्वास्थ्य संगठन ने वयस्कों, नवजात एवं छोटे बच्चों के लिए रोग प्रतिरोधक क्षमता में वृद्धि करने हेतु भोजन पैटर्न निर्धारित करने हेतु अलग-अलग सुझाव दिए हैं, जो निम्नलिखित हैं—

वयस्कों की रोग प्रतिरोधक क्षमता में वृद्धि करनेवाला भोजन

विश्व स्वास्थ्य संगठन के अनुसार, वयस्कों के प्रतिदिन 2000 कैलोरी के स्वास्थ्यवर्धक आहार में फल, सब्जियाँ, दालें और बींस, मेवे तथा साबुत अनाज शामिल किए जाने चाहिए। इसके अतिरिक्त भोजन में कम-से-कम 400 ग्राम फल तथा सब्जियों का अंश प्रतिदिन शामिल होना चाहिए। आलू, शकरकंद और स्टार्च से भरपूर आहार इसमें शामिल नहीं है।

एक स्वस्थ व्यक्ति को 100 कैलोरी से अधिक शर्करा अपने भोजन में शामिल नहीं करनी चाहिए। भोजन में असंतृप्त वसा की मात्रा कुल 10 प्रतिशत तक होनी चाहिए। संतृप्त वसा की अपेक्षा असंतृप्त वसा का सेवन करना बेहतर है। असंतृप्त वसा के अंतर्गत मछली, मेवे, सोयाबीन, लौंग का तेल, कैनोला और एवोकाडो के तेल आदि आते हैं, जबकि संतृप्त वसा में मीट, मक्खन, पाम ऑयल, क्रीम, चीज, घी आदि शामिल हैं। ट्रांस फैट का इस्तेमाल करने से भी

बचना चाहिए, जो बेकरी उत्पादों, तले-भुने भोजन, पैक्ड स्नैक्स और पैक्ड फूड जैसे फ्रोजन पिज्जा, कुकीज, बिस्किट, वेफर तथा स्प्रेड आदि में पाया जाता है। प्रतिदिन चाय के एक चम्मच या 5 ग्राम तक नमक का प्रतिदिन सेवन किया जा सकता है। यह नमक आयोडाइज्ड होना चाहिए।

नवजात शिशुओं तथा छोटे बच्चों की रोग प्रतिरोधक क्षमता में वृद्धि करनेवाला भोजन

विश्व स्वास्थ्य संगठन के अनुसार, बच्चों के जीवन के पहले दो वर्षों में उन्हें अधिकतम पोषक तत्त्वों की आवश्यकता होती है। छोटे बच्चों तथा शिशुओं के लिए स्वास्थ्यवर्धक आहार लगभग वयस्कों के जैसे ही होने चाहिए, किंतु नवजात शिशुओं को पहले छह माह तक सिर्फ स्तनपान कराना चाहिए और इसके बाद उन्हें दो वर्ष की आयु तक अन्य आहार के साथ-साथ स्तनपान भी कराते रहना चाहिए। छह माह के बाद उन्हें भरपूर पोषण से युक्त पर्याप्त और सुरक्षित आहार दिया जाना चाहिए।

उपर्युक्त सुझावों के अतिरिक्त विश्व स्वास्थ्य संगठन का सुझाव है कि भोजन में सब्जियों को अवश्य स्थान दिया जाना चाहिए, ताजे फलों और कच्ची सब्जियों का स्नैक्स या नाश्ते के रूप में सेवन किया जाना चाहिए, ताजे और मौसमी फलों एवं सब्जियों को अवश्य खाना चाहिए तथा भोजन में फलों और सब्जियों की विविधता होनी चाहिए। तले हुए भोजन की अपेक्षा भाप में पकाया गया भोजन या उबालकर पकाया हुआ भोजन स्वास्थ्य की दृष्टि से बेहतर है। मक्खन, पशु की चर्बी या फैट, घी आदि के सेवन से बेहतर सोयाबीन, रेप सीड या कैनोला, सूरजमुखी के तेल का सेवन करना है। बेक किया गया या तला हुआ भोजन, पैक्ड फूड और स्नैक्स आदि स्वास्थ्य के लिए नुकसानदेह होते हैं, क्योंकि इनमें औद्योगिक ट्रांस फैट की मात्रा शामिल रहती है, इसलिए ऐसे भोजन को लेने से बचना चाहिए।

अभ्यास प्रश्न

1. सामुदायिक स्वास्थ्य का अर्थ है—
   (क) एक समुदाय के सभी लोगों के स्वस्थ रहने हेतु किए गए प्रयास
   (ख) एक व्यक्ति के स्वस्थ रहने हेतु किए गए प्रयास
   (ग) एक पुरुष के स्वस्थ रहने हेतु किए गए प्रयास
   (घ) एक स्त्री के स्वस्थ रहने हेतु किए गए प्रयास
2. एक व्यक्ति या समाज का शारीरिक दृष्टि से स्वस्थ और निरोगी रहना अत्यंत आवश्यक क्यों है?
   (क) समाज की प्रगति में सक्रिय योगदान करने हेतु
   (ख) राज्य की प्रगति में सक्रिय योगदान करने हेतु
   (ग) राष्ट्र की प्रगति में सक्रिय योगदान करने हेतु
   (घ) उपर्युक्त सभी
3. प्रधानमंत्री नरेंद्र मोदी ने पीएम आयुष्मान भारत योजना हेल्थ इंफ्रास्ट्रक्चर मिशन की वाराणसी से शुरुआत कब की—
   (क) 14 मई, 2014
   (ख) 02 जुलाई, 2017
   (ग) 25 अक्तूबर, 2021
   (घ) 01 जनवरी, 2016
4. सामुदायिक स्वास्थ्य के प्रमुख तत्त्व हैं—
   (क) स्थान विशेष की भौगोलिक आवश्यकताओं के अनुरूप सामुदायिक स्वास्थ्य सुविधाएँ मुहैया कराना
   (ख) चिकित्सा संसाधन उपलब्ध कराना
   (ग) लोगों को बीमारियों के प्रति जागरूक करना
   (घ) उपर्युक्त सभी

5. सामुदायिक स्वास्थ्य का लक्ष्य है—
   (क) लोगों को स्वस्थ और निरोगी रखने के लिए सुविधाएँ उपलब्ध कराना
   (ख) लोगों को सरकारी योजनाओं की जानकारी देना
   (ग) लोगों के घरों तक सड़क बिछवाना
   (घ) लोगों के लिए पुल बनवाना
6. सामुदायिक स्वास्थ्य के प्रकार हैं—
   (क) 1 (ख) 2
   (ग) 3 (घ) 4
7. सामुदायिक स्वास्थ्य के लिए बड़ी चुनौती है—
   (क) कुछ लोगों का टीकाकरण करना
   (ख) सभी तक स्वास्थ्य सुविधाएँ पहुँचाना
   (ग) केवल शहरों में स्वास्थ्य सुविधा देना
   (घ) केवल गाँवों में स्वास्थ्य सुविधा देना
8. समाज में मौजूद आम बीमारी नहीं है—
   (क) डायबिटीज या मधुमेह (ख) ब्लड प्रेशर
   (स) मोटापा (घ) चेचक
9. डायबिटीज का पूरा नाम है—
   (क) डायबिटीज सेलिटस (ख) डायबिटीज मेलिटस
   (ग) डायबिटीज वेलिटस (घ) डायबिटीज डेलिटस
10. प्रतिवर्ष 'विश्व डायबिटीज दिवस' मनाने की तिथि है—
   (क) 14 नवंबर (ख) 14 दिसंबर
   (ग) 14 अक्तूबर (घ) 14 फरवरी
11. इंसुलिन के आविष्कारक हैं—
   (क) सर हैरोल्ड पर्सिवल (ख) लियोनॉर्ड थॉमसन
   (ग) फ्रेडरिक ग्रांट बैंटिंग (घ) फ्रेडरिक एलन

12. डायबिटीज के कितने प्रकार हैं—

(क) 1 (ख) 2

(ग) 3 (घ) 4

13. डायबिटीज बीमारी का कारण है—

(क) फास्ट फूड संस्कृति का बढ़ना

(ख) व्यायाम न करना

(ग) मोटापा या अत्यधिक वजन होना

(घ) उपर्युक्त सभी

14. डायबिटीज के लक्षण नहीं हैं—

(क) बार-बार पेशाब आना

(ख) नींद आना

(ग) घाव देरी से भरना

(घ) जल्दी-जल्दी भूख लगना

15. दुनिया के सर्वाधिक डायबिटीज रोगी किस देश में हैं—

(क) भारत (ख) जापान

(ग) चीन (घ) अमेरिका

16. भारत में डायबिटीज के रोगियों की संख्या है—

(क) 7.7 करोड़ से अधिक (ख) 20.4 करोड़ से अधिक

(ग) 50.2 करोड़ (घ) 1.6 करोड़

17. आमतौर पर इस रक्तचाप को सामान्य माना जाता है—

(क) 200/140 (ख) 180/120

(ग) 120/60 (घ) 140/90

18. हाइपरटेंशन या अति तनाव अथवा हाई ब्लड प्रेशर या उच्च रक्तचाप कितने प्रकार के होते हैं—

(क) 1 (ख) 2

(ग) 3 (घ) 4

19. द्वितीयक हाइपरटेंशन या द्वितीयक अति तनाव इस कारण से नहीं होता—
    (क) गुरदे या किडनी की बीमारी होने से
    (ख) लंबे समय तक नींद पूरी न होने से
    (ग) हृदय संबंधी रोग होने से
    (घ) टी.वी. देखने से
20. हाइपरटेंशन या अति तनाव के ये लक्षण रोगियों में नहीं देखे जा सकते—
    (क) साँस फूलना (ख) सिर दर्द होना
    (ग) नाक से रक्त आना (घ) अधिक सोना
21. सिस्टोलिक रक्तचाप है—
    (क) रेखा के नीचे लिखी संख्या (ख) रेखा के ऊपर लिखी संख्या
    (ग) रेखा के दाएँ लिखी संख्या (घ) रेखा के बाएँ लिखी संख्या
22. डायस्टोलिक रक्तचाप है—
    (क) रेखा के नीचे लिखी संख्या (ख) रेखा के ऊपर लिखी संख्या
    (ग) रेखा के दाएँ लिखी संख्या (घ) रेखा के बाएँ लिखी संख्या
23. उच्च रक्तचाप को इसमें मापा जाता है—
    (क) सेंटीमीटर ऑफ मरकरी या cm Hg
    (ख) मिलीमीटर ऑफ मरकरी या mm Hg
    (ग) मीटर ऑफ मरकरी या m Hg
    (घ) डेसीमीटर ऑफ मरकरी या dm Hg
24. अति तनाव की चिंताजनक अवस्था है—
    (क) >140/>90 (ख) 139/80–90
    (ग) >180/>120 (घ) 120–129/<80
25. उच्च रक्तचाप होने पर क्या नहीं करना चाहिए—
    (क) तनाव लेना
    (ख) शारीरिक श्रम अधिक करना
    (ग) कम प्रोटीनवाले खाद्य पदार्थ, जैसे मछली आदि का सेवन करना
    (घ) फलों एवं हरी सब्जियों का सेवन करना

26. मोटापे का कारण है—
(क) शरीर में विटामिन का जमा होना
(ख) शरीर में कार्बोहाइड्रेट का जमा होना
(ग) शरीर में प्रोटीन का जमा होना
(घ) शरीर में वसा का जमा होना

27. मोटापा होने का कारण नहीं है—
(क) आरामदेह जीवन शैली अपनाना
(ख) व्यायाम करना
(ग) शारीरिक गतिविधियाँ कम होना
(घ) अत्यधिक वसायुक्त भोजन करना

28. सामान्य व्यक्ति का शरीर द्रव्यमान सूचकांक (Body Mass Index) होता है—
(क) 16–17 (ख) 25–30
(ग) 18.5–25 (घ) 30–35

29. शरीर द्रव्यमान सूचकांक (Body Mass Index) मापने की इकाई है—
(क) ग्राम/मी^{2} (ख) डेकाग्राम/मी^{2}
(ग) मिग्रा/मी^{2} (घ) किग्रा/मी^{2}

30. कब्ज का प्रमुख लक्षण है—
(क) सप्ताह में 3 से कम बार मल त्याग
(ख) सप्ताह में 4 से कम बार मल त्याग
(ग) सप्ताह में 5 से कम बार मल त्याग
(घ) सप्ताह में 6 से कम बार मल त्याग

31. कब्ज के लक्षण नहीं हैं—
(क) पेट से गैस निकलने में दिक्कत होना
(ख) बदहजमी
(ग) मुँह से दुर्गंध न आना
(घ) पेट में लगातार दर्द होना

32. क्या करने से कब्ज की समस्या हो सकती है—
    (क) तला और अधिक मिर्च-मसालेदार भोजन करने से
    (ख) आवश्यकता से अधिक भोजन करने से
    (ग) रात में देर तक जागने से
    (घ) उपर्युक्त सभी
33. प्रतिदिन मल त्याग न करने से क्या होता है—
    (क) त्वचा में स्फूर्ति आती है
    (ख) शरीर में विषैले टॉक्सिन बनने लगते हैं
    (ग) नाखून मजबूत होते हैं
    (घ) उपर्युक्त सभी
34. बवासीर (Piles) या फिशर का कारण है—
    (क) डायबिटीज या मधुमेह (ख) ब्लड प्रेशर
    (स) मोटापा (घ) कब्ज
35. योग में कब्ज के उपचार के लिए कौन से आसन करने की सलाह दी गई है—
    (क) पवनमुक्तासन (ख) अर्धमत्स्येंद्रासन
    (ग) मयूरासन (घ) उपर्युक्त सभी
36. त्रिफला चूर्ण इस रोग में लाभदायक है—
    (क) डायबिटीज या मधुमेह (ख) ब्लड प्रेशर
    (ग) कब्ज (घ) कैंसर
37. कब्ज के रोगी को किसका सेवन नहीं करना चाहिए—
    (क) दूध तथा पनीर (ख) ताजे फल
    (ग) ताजी सब्जी (घ) मौसमी फल और सब्जियाँ
38. भोजन के सुचारु पाचन के लिए क्या करना चाहिए—
    (क) आराम करना
    (ख) प्रतिदिन 8-10 गिलास पानी पीना
    (ग) सोना
    (घ) व्यायाम न करना

39. तनाव को दूर रखने का उपाय है—
(क) योग और ध्यान (ख) देर रात में भोजन करना
(ग) देर रात तक जागना (घ) व्यायाम न करना

40. किसी रोगी में डायरिया या अतिसार के जो लक्षण देखे जाते हैं, वे इस प्रकार हैं—
(क) बार-बार पतले और पानीदार दस्त होना
(ख) पेट में दर्द या गुड़गुड़ाहट होना
(ग) उल्टी आना
(घ) उपर्युक्त सभी

41. ORS या Oral Rehydration Salt और BRAT डाइट, अर्थात् Bananas (केले), Rice (चावल), Apple Sauce (सेब का सॉस) और Toast (सफेद ब्रेड) लेने से किस रोग में लाभ होता है—
(क) डायबिटीज या मधुमेह (ख) ब्लड प्रेशर
(ग) डायरिया (घ) कैंसर

42. डायरिया से बचने के लिए क्या करना चाहिए—
(क) बार-बार हाथ धोना
(ख) अच्छी तरह साबुन से साफ करना
(ग) स्वास्थ्यकर और सुपाच्य भोजन करना
(घ) उपर्युक्त सभी

43. टाइफाइड के लिए जिम्मेदार जीवाणु है—
(क) सैल्मोनेला टाइफी (Salmonella Typhi) जीवाणु
(ख) सैल्मोनेला टाइफी (Salmonella Typhi) विषाणु
(ग) फैल्मोनेला टाइफी (Falmonella Typhi) जीवाणु
(घ) फैल्मोनेला टाइफी (Falmonella Typhi) विषाणु

44. टाइफाइड या आंत्र ज्वर से बचाव का सबसे बेहतर तरीका है—
(क) स्वच्छ और सुरक्षित पानी पीना
(ख) अपने आसपास स्वच्छता न रखना
(ग) चिकित्सीय सुविधा का देर से उपलब्ध होना
(घ) इनमें से कोई नहीं

45. भारत सरकार द्वारा राष्ट्रीय आहार नीति की घोषणा का वर्ष है—

(क) 1991 (ख) 1992

(ग) 1993 (घ) 1994

46. खाद्य सुरक्षा अधिनियम को संसद् द्वारा किस वर्ष पारित किया गया?

(क) 2001 (ख) 1992

(ग) 2020 (घ) 2013

47. राष्ट्रीय पोषण मिशन किस वर्ष शुरू किया गया—

(क) 2001 (ख) 2018

(ग) 2020 (घ) 2013

48. सन् 2021 के पोषण सप्ताह की विषयवस्तु या थीम है—

(क) Keep Well, Do Well

(ख) Eat Right, Bite by Bite

(ग) Feeding Smart, Right From Start

(घ) हर घर पोषण व्यवहार

49. भोजन योजना अथवा मिड-डे मील योजना (Mid-Day Meal Scheme) की शुरुआत कब हुई?

(क) 1995 (ख) 2018

(ग) 2020 (घ) 2013

50. एक स्वस्थ व्यक्ति को कितनी कैलोरी से अधिक शर्करा अपने भोजन में शामिल नहीं करनी चाहिए?

(क) 100 (ख) 200

(ग) 300 (घ) 400

उत्तरमाला

1 (क), 2(घ), 3 (ग), 4 (घ), 5 (क), 6 (ग), 7 (ख), 8 (घ), 9 (ख), 10 (क), 11 (ग), 12 (ख), 13 (घ), 14. (ख), 15. (ग), 16 (क), 17 (घ), 18 (ख), 19 (घ), 20 (ध), 21 (ख), 22 (क), 23. (ख), 24. (ग), 25. (क), 26 (घ), 27. (ख), 28. (ग), 29. (घ), 30. (क), 31. (ग), 32. (घ), 33. (ख), 34. (घ), 35. (घ), 36. (ग), 37. (क), 38. (ख), 39. (क), 40. (घ), 41. (ग), 42. (घ), 43. (क), 44. (क), 45. (ग), 46. (घ), 47. (ख), 48. (ग), 49. (क), 50. (क)

□□□